자신감을 가져라.

원팀

우리는 승리한다

원팀

우리는 승리한다

신태용 지음

We Will Win

•• 프롤로그 ••

나의 도전은
끝나지 않았다

인도네시아에서 나를 부른다고?

    인도네시아 자카르타 수카르노 하타 공항. 공항에 들어서자마자 습한 열기가 얼굴에 훅 끼쳐왔다. 주위를 둘러보니 낯선 풍경과 한마디도 알아들을 수 없는 인도네시아 말이 눈과 귀를 파고들었다. 나는 4년 동안 이 나라의 덥고 습한 날씨를 견디고 적응해야 했다. 2020년 1월부터 4년 계약으로 인도네시아 축구 대표팀 감독으로 부임하면서 도착한 인도네시아는 모든 것이 낯설고 어색했다. 하지만 나는 원래 겁이 별로 없는 사람이라 두려움보다는 설렘이 앞섰다.

'여기서 새로운 지도자 인생을 시작한다. 완전히 다른 나만의 팀을 만들겠어.'

사실 인도네시아축구협회에서 대한축구협회로 나를 한번 만나고 싶다는 연락이 왔다는 소식을 듣고 처음에는 의아했다. 인도네시아? 인도네시아 축구팀은 당시 국제축구연맹(FIFA) 순위 173위로 아시아 최약체 팀이었다. 존재하지만 어떤 팀에도 위협이 되지 않았다. 나를 감독으로 영입하고 싶어 한다니 처음에는 의아했지만 한편으로는 도전 정신이 불끈 솟아올랐다. 그래서 인도네시아축구협회에 인도네시아팀의 축구 경기를 한번 보고 싶다고 제안했다.

마침 2019년 11월, 말레이시아에서 인도네시아팀과 말레이시아팀의 경기가 있다고 했다. 나는 말레이시아로 날아가 경기장을 직접 찾았다. 타국에서 열린 경기였기 때문에 인도네시아팀은 정말 열심히 뛰었다. 경기를 보니 개인 기량이 나쁘지 않았다. 그런데 뭔가를 해보겠다는 의욕, 상대 팀을 반드시 이겨야 한다는 욕심이 보이지 않았다. 첫 번째 골도 프리킥으로 먹었는데, 그 골을 막는 골키퍼의 수준이 눈을 질끈 감게 만드는 정도였다. 대표팀 골키퍼가 그 골을 놓쳐서 실점을 한 것이다.

눈앞이 깜깜했다. 하지만 그런 암울함보다 더 크게 나를 자극한 것은 '해볼 만하다'는 직감이었다. 지금은 더 내려갈 곳이 없는 부족한 실력이지만 훈련과 연습을 통해 뭔가 만들 수 있을 것 같았다. 오랜만에 느껴보는 두근거림이었다. 선수들은 어렸고 가능성은 충분했다. 내가 원하는 대로 내가 그리던 팀을 만들 수 있을 것 같다는 생각에 축구를 처음 시작할 때처럼 똘끼가 차올랐다. 그렇게 나는 전혀 생각해 본 적 없는 나라, 한번도 그려보지 않은 인도네시아 축구감독으로 부임했다.

아시아 꼴찌 팀의 감독이 되다

인도네시아에 도착해 보니 협회에서는 처음 제안과는 다른 이야기를 건넸다.

"사실 감독님을 U-20 대표팀 때문에 모셔왔어요."

"무슨 소리예요? 난 국가 대표팀 감독으로 온 건데?"

"우리 인도네시아가 2021년 20세 월드컵을 유치했거든요. 거기에 모든 포커스를 맞추고 있어요. 20세 선수들부터 트레이닝을 시켜주세요."

(참고로 인도네시아는 2021년 U-20 월드컵을 유치했지만 코로나19

로 인해 2023년으로 개최가 연기되었다. 그러나 무슬림 국가인 인도네시아에서 이스라엘의 대회 참가를 종교적 이유로 거부해야 한다는 여론이 확산되자 FIFA는 인도네시아의 개최권을 박탈하고 아르헨티나로 개최국을 새로 선정하였다.)

이런 협회 부탁이 있으니 나도 따를 수밖에 없었다. 그러니까 결과적으로 20세, 23세, A팀 감독을 다 맡게 된 것이다. 2020년 1월 8일, 감독직을 시작하면서 20세 대표팀 선발부터 시작했다. '찌까랑'이란 도시에서 120명 정도의 후보를 모아서 선발 경기를 했다. 그 경기를 통해 36명 정도를 뽑았고, 바로 태국으로 전지훈련을 갔다. 그곳에서 나는 그동안 인도네시아 팀에서는 한번도 시행하지 않았던 훈련을 시켰다. 날씨가 더운 탓에 하루에 한 번씩 훈련받던 선수들을 4번씩 훈련받도록 강도 높게 몰아쳤다. 코어 훈련이 뭔지, 웨이트 트레이닝이 뭔지 아무것도 모르는 선수들을 다그치면서 담금질하기 시작한 것이다.

선수들은 힘들어했지만 따라올 수밖에 없었다. 팀에 피해를 주고 성실하지 못한 태도를 보이면 바로 경고 없이 경질했기 때문이다. 실력이 모자란 선수는 가르쳐서 함께 갈 수 있지만, 불성실하고 오만한 선수는 함께 갈 이유가 없었다. 물론 한 나라를 대표하는 축구선수이니 기량을 안 볼 수는 없다. 하지만 나에게 선수로서의 기량은 '가능성'이었다. 지금은 보잘것없어도 가능성이 보이면 선발했다. 발이 빠르다, 개인기가 좋다, 두뇌 회전이 빠르다 등 선수가 재능을 한 가지만 가지고 있어도 팀에는 보탬이 된다. 그런 선수가 되려면 자신의 부족한 점을 훈련으로 보완하겠다는 강한 의지와 성실함이 필요하다. 그리고 그것을 잡아주는 게 지도자의 역할이다.

비록 코로나19로 경기 자체가 연기되고, 종교적 이유로 개최지가 변경되어 기량을 펼쳐 보일 나의 첫 감독 데뷔전은 무산됐지만 1년 동안 선수들의 기량은 눈부시게 발전했다. 그 선수들과 함께 우리는 인도네시아의 축구 역사에 위대한 족적을 남기기 시작했다.

2020 아세안축구연맹(AFF) 챔피언십(스즈키컵)에서 팀을 4년 만에 결승에 진출시켜 준우승을 이끌었고, 이듬해인 2022년 5월에 열린 2021 동남아시아 경기 대회에 인도네시아 U-23 대표팀 사령탑으로 출전해 4년 만의 동메달 획득을 이끌었다. 1개월 후 인도네시아 A대표팀 감독으로 출전한 2023년 아시아축구연맹(AFC) 아시안컵 3차 예선 A조에서도 강호 쿠웨이트를 42년 만에 꺾는 쾌거를 이뤄내면서 16년 만에 인도네시

아의 아시안컵 통산 다섯 번째 본선 진출을 이끄는 기염을 토했다. 우리의 기적은 계속 이어졌다. 2023 AFC 아시안컵 본선에 참가하여 사상 첫 메이저 대회 16강 진출로 인도네시아 축구 역사의 한 페이지를 장식했다. 2024 AFC U-23 아시안컵 4강에 올랐는데, 이 대회는 2024년 하계 올림픽 아시아 지역 예선을 겸하여 열린 대회여서 각오가 남달랐다. 3위 안에 들어야 올림픽 진출권이 주어지는 아주 중요한 경기였다. 그래서 나는 인도네시아가 한국과 만나지 않기를 바랐다. 하지만 조별 경기가 진행되면서 한국과 맞붙을 가능성을 아예 배제할 수 없는 상황이 펼쳐졌다. 인도네시아가 호주와 요르단을 누르고 누구도 예상하지 못한 A조 2위를 차지하면서 B조 1위와 8강에서 만나는 게 결정됐고, B조 조별리그 3차전이었던 한일전에서 한국이 승리하면서 B조 1위를 확정 지은 것이다. 조국 대한민국팀과의 맞대결, 더구나 개인적으로도 너무나 친한 황선홍 감독이 이끄는 대표팀이라니, 부담감이 어깨를 짓눌렀다. 인도네시아나 한국 중 한 팀은 올림픽에 출전하지 못하는 최악의 상황이었다.

  하지만 승부의 세계는 냉정한 법. 도망갈 수도 없고, 피할 수도 없는 경기였다.

인도네시아 전역을 뒤흔든 '신따용'이라는 함성

객관적인 전력에서 인도네시아는 한국의 맞수가 아니었다. 한국팀은 스피드와 높이, 파워까지 보유하고 있었고 선수들의 신체적 조건이나 개인 기량 역시 훌륭했다. 아무래도 전력 면에서는 인도네시아보다 좋은 팀이었다. 하지만 나는 주눅 들지 않았다. 축구는 전력으로는 결과를 예측할 수 없다. 다시 한번 새로운 역사에 도전하고 싶었다.

사실 황선홍 감독과 워낙에 친분이 두터웠던 터라 기분이 묘했다. 언론의 관심도 폭발적이었고, 인도네시아와 한국 축구 팬들의 신경전도 대단했다. 하지만 우리 둘은 그렇게 날카롭지 않았다. 시합 전날 공식 기자회견에서 황선홍 감독이 먼저 인터뷰를 진행했는데, 기자회견장 뒤편에서 만나 서로 가볍게 농담을 하기도 했다.

"형, 인터뷰 잘 했어?"

"야, 내가 인도네시아 대표팀의 강점은 너라고 그랬어."

"하하하, 그랬어?"

우리는 서로 날카롭게 견제하고 경계하지는 않았다. 그저 둘 다 최선을 다해 좋은 경기를 보여주고 싶은 마음뿐이었다. 경기 결과는 나중 문제였다. 솔직히 말하면 이기고 싶긴 했다.

그건 모든 감독들의 공통된 바람이다. 감독에게 경기는 하나하나가 너무나 소중하고 중요하다. 개인적인 감정이나 사정 때문에 경기에 임하는 자세가 흐트러진다? 그건 말도 안 되는 소리다. 더구나 두 나라의 이목이 집중된 상태이다 보니 정말 경기를 잘 하고 싶다는 마음뿐이었다.

그건 황선홍 감독도 마찬가지였을 것이다. 어떻게 보면 승부의 세계란 그렇게 냉혹한 것이다. 하지만 우리 둘 다 그런 냉혹한 승부의 세계에 단련된 사람들이라 여유 또한 있었다.

"내일이면 우리 둘이 같이 사진 못 찍을 테니까 미리 사진 찍어두자, 형."

그렇게 사진까지 찍은 뒤 우리는 각자의 팀으로 돌아갔다.

그리고 운명의 날, 4월 26일 2시 30분에 카타르 도하의 압둘라 빈 칼리파 스타디움에서 경기가 시작됐다. 올림픽 9회 연속 진출 기록을 보유 중이며, 이 대회에서 이겨 세계 최초로 10회 연속 본선 진출을 노리고 있는 대한민국 축구 대표팀. 2012 런던 올림픽에서 동메달을 획득한 올림픽 메달 보유국이기도 한 아시아 축구 강국 대한민국 대표팀. 반면 인도네시아는 1956년 멜버른 올림픽 축구 본선 진출이 처음이자 마지막 올림픽 진출 기록인 약체 팀이었다.

한국 대 인도네시아, 한 팀은 파리 올림픽에 못 간다! 양보할 수 없는 두 팀의 경기가 휘슬과 함께 시작되었다.

그런데 경기가 시작되고, 나는 조금 놀랐다. 우리 팀 코칭 스태프도 마찬가지였다.

"감독님, 한국이 먼저 수비를 하면서 내려앉는데요?"

"그러게. 강하게 밀어붙일 줄 알았는데…."

우리는 처음부터 한국 선수들이 공을 잡으면 두세 명이 달라붙어 한국 선수가 패스할 공간까지 틀어막는 전략을 세웠다. 개인 기량에서는 어쩔 수 없이 뒤처졌기 때문에 그런 압박 수비를 할 수밖에 없었다. 우리보다 훨씬 뛰어난 팀인데, 그날은 조금 달랐다. 우리는 흔들리지 않고 준비한 대로 압박 수비를 하면서 기회를 노렸다. 120분간의 혈투 끝에 2 대 2로 비긴 뒤 승부차기까지 가는 대접전이었다. 하지만 경기 흐름은 우리가 쥐고 있었다. 선수들은 경기장을 누비며 기량을 마음껏 뽐냈고, 열정적이고 압도적인 인도네시아 관중들의 응원으로 기량에 날개를 달았다. 그리고 계속되는 승부차기 끝에 마침내 10 대 11로 인도네시아가 승리했다.

경기장에는 "신따용"이라는 함성이 울려 퍼졌다. 1956년 멜버른 올림픽 이후 68년 만에 올림픽 본선에 진출한 인도네시아는 열광의 도가니였다. 올림픽 진출에 대한 열망으로 해외 리그에서 뛰는 선수들이 14~15시간 걸리는 장거리 비행까지 감수하면서까지 합류하는 열정과 헌신을 보여주었기에 만들어진 결과였다.

인도네시아 전역이 뒤흔들릴 정도로 역사적인 결과였지만, 나는 사실 마음껏 웃을 수 없었다. 이 경기 패배로 한국은 1988년부터 2020년 도쿄 올림픽까지 이어진 올림픽 본선 진출 기록이 중단됐으니 말이다. 어떻게 보면 나 때문에 10회 연속 올림픽 진출이 좌절되니 죄책감도 들었다. 황선홍 감독한테도 미안한 마음이 들었다.

하지만 그게 우리 감독들의 숙명이라서 어쩔 수가 없다. 승리와 패배라는 극단적인 감정을 맛보아야 하지만, 그 안에서 허우적거릴 시간도 없다. 승리도 패배도 훌훌 털어버리고 다음 경기를 준비해야 한다. 인도네시아에서의 승승장구로 나는 국빈 자격을 받는 최고의 스타 감독이자 지도자로 추앙받았지만 그 위치에 안주한 적은 한 번도 없었다. 한번의 승리가 영원한 승리가 아니라는 것을 누구보다 잘 알고 있었기 때문이다. 그리고 영광이 있으면 그 영광의 끝이 있다는 것 또한 너무나 잘 알고 있었기 때문이다.

끝은 또 다른 시작

2025년 1월, 나는 갑작스럽게 인도네시아 축구 국가 대표팀 감독에서 해임되었다. 인도네시아를 떠나는 날, 공항에는 수만 명의 인파가 몰려들어 "신따용"을 외치며 나를 배웅해 주었다. 내 응원가를 부르며 눈물을 흘리는 팬들을 보니 가슴이 너무 아팠다. 갑작스러운 이별은 예정된 이별보다 훨씬 마음 아픈 법이니 말이다. 그동안 내가 인도네시아에서 이룬 성과를 돌이켜볼 때 황당하고 어이없는 소식이었지만, 이미 결정 난 사안에 대해 왈가왈부하고 싶지 않았다. 나는 경기를 할 때 주심이 오심을 내리거나 선수들이 불성실한 태도를 보이는 일 같은 작은 일에는 고래고래 소리를 치고 화를 내지만, 내 신변에 벌어진 큰일에는 무덤덤한 편이다. '무슨 이유가 있겠지, 설령 이해 못할 치사한 이유라 하더라도 이미 벌어진 일이니 그래 그렇게 해라' 하고 흘려보낸다.

인도네시아에서 한순간도 대충대충 살지 않았고, 인도네시아 축구를 진심으로 사랑했으며, 내 선수들을 마음속 깊이 자랑스럽게 생각하고 그들의 미래를 언제나 응원했기 때문이다. 나는 내가 가진 모든 역량을 바쳐 인도네시아 축구 발전에 최선을 다했으므로 조금도 아쉬운 것이 없었다. 물론 힘든 점도 있었고, 아쉽고 안타까운 순간도 있었지만 그 모든 감정들이 잊힐 만큼 행복했고 즐거웠고 재미있었다.

'그라운드의 여우'라 불렸던 선수 생활을 지나 '신따용'으로 불리던 인도네시아 국가 대표팀 감독 생활까지 40여 년의 시간을 축구와 함께했다. 은퇴한 축구선수에게 가장 영광스러운 일은 위대한 지도자로 다시 태어나는 일일 것이다. 하지만 지도자 자리는 녹록치 않다. 영광스럽지만 고통스럽다. 차라리 필드에서 뛰는 게 낫겠다는 생각도 종종 한다. 선수는 한 경기 한 경기 그 순간에만 집중하면 되지만 감독은 팀의 모든 것, 경기의 모든 것을 운용하고 책임져야 하기 때문에 심리적 압박감과 육체적 고단함이 이루 말할 수 없다. 그 무게감이 때로는 납덩이처럼 무겁게 나를 짓누르기도 한다. 하지만 그런 부담감과 책임감을 감당하는 것도 감독의 역량이자 실력이다.

지도자 생활도 벌써 15년을 넘어섰다. 그동안 승리와 기쁨의 순간도 많았지만 좌절과 절망의 순간도 많았다. 그 모든 이야기를 풀어놓아야겠다고 다짐한 이유는 나의 축구 인생이 누군가에게 도움이 될지도 모른다는 생각 때문이다. 운동선수가 아니라도, 지도자가 아니라도 사람들은 누구나 실패와 좌절과 절망을 먹고 성장하기 때문이다. 내가 일으켜 세운 팀, 나를 일으켜준 선수들에 대한 이야기를 통해 내가 어떻게 최고의 성과를 냈는지, 어떻게 실패를 딛고 일어섰는지, 어떻게 성공의 길을 개척했는지, 그리고 어떤 리더가 훌륭한 리더인지 한번쯤 생각해 볼 수 있으면 좋겠다. 나도 수많은 선배 선수와 감독님들을 보면서 지금의 신태용으로 성장했으니 말이다.

이 책은 축구와 함께 한 내 삶의 여정이다. 인도네시아팀을 강팀으로 만들 수 있었던 나만의 방식은 물론 내가 선수로서, 지도자로서 배우고 느꼈던 소회들을 모두 담았다. 나는 이 책이 축구경기 같은 책이길 바란다. 축구를 보듯 누군가의 인생을 직관하면서 그 안에서 울고 웃기를 바란다. 이 책을 읽는 사람들에게, 내가 성장시킨 인도네시아 선수들과 나와 함께 축구공을 찼던 모든 선수들에게, 그리고 마지막으로 내 자신에게 말해 주고 싶다.

"우리는 승리한다. 우리는 모두 챔피언이다."

신태용

•• 차례 ••

프롤로그 나의 도전은 끝나지 않았다 _05

1장
멈추지 않는 도전 '신따용'

"너희들, 운동선수로는 빵점이다!"_27 교체, 교체, 교체, 모든 것을 바꿔라 _34 실력 있는 선수가 인성도 좋다_40 '쯔빳쯔빳(빨리빨리)' 공격해 _46 운동장에서는 절대 타협하지 않는다_51 서로를 이해해야 알 수 있다 _57 우리에게 필요한 건 스타가 아니라 멤버십 _64 나를 믿어라! 우리는 결승까지 간다_69

2장
최악의 상황에서도 최고를 만드는 원팀

선수: 가능성 있는 최고 선수들을 기용하다_77 팀워크: 원팀을 만들다 _88 원칙: 감독과 선수의 역할은 분명하게 _94 리더십: 밀당 리더십으로 다가서다 _102 멘털력: 승리 멘털을 심어라_110 최고가 되기 위한 신태용의 3가지 원칙 _119

3장
골목대장에서 K리그 레전드, 그리고 감독으로

축구화의 끈을 묶다_127   월드컵 대표팀과는 인연이 없던 MVP_140
국가 대표팀 코치와 올림픽 대표팀 감독을 한번에_146   소방수 감독, 위기의 대표팀을 구하라_157   카잔의 기적, 침체된 한국 축구를 심폐소생하다_163   절망에서 건져올린 희망의 기적_172

4장
'그라운드의 여우'가 짜는 전술은 다르다

안 되면 되게 하는 깜짝 전술_183   골키퍼도 아닌데 2실점이라는 신기한 기록_187   '그라운드의 여우'가 짜는 전술은 다르다_190   선수들에 대한 완벽한 분석이 강팀을 만든다_196   '전략은 심플하게, 전술은 디테일하게_202   자신감으로 기세를 잡아라_208   감독의 하루는 24시간이 모자라다_213

5장
리더는 혼자가 아니다

권위를 버리면 사람이 온다_221   함께 간다는 것의 가치_229
나를 지지해 주는 가장 든든한 버팀목_233
집에서는 아내가 축구감독_238

에필로그   멀리 보려면 높이 뛰어라_242

한국 축구의 레전드

신태용

출생	1970년 10월 11일(실제 1969년 4월 11일)
	경북 영덕
현역 포지션	공격형 미드필더
별명	꾀돌이·소방수·기록의 사나이·그라운드의 여우
경력	
1986	U-16 청소년 국가대표
1988	U-19 청소년 국가대표
1992	바르셀로나 올림픽 국가대표
1992~1996	국가대표팀 선수
1992~2004	프로축구 성남 일화 천마 소속
	(1992년 일화 천마 입단, 이후 천안 일화 천마, 성남 일화 천마로 구단명이 바뀜)
2005~2008	호주 퀸즐랜드 로어 FC 선수 및 코치
2009~2012	프로축구 성남 일화 천마 감독
2010	AFC챔피언스리그 우승
2011	FA컵 우승
2015	AFC 아시안컵 코치(준우승)
	리우 올림픽 국가대표 축구팀 감독
	동아시안컵 코치(우승)
2016	국가대표팀 코치, AFC U-23 챔피언십 준우승
	FIFA U-20 축구대표팀 감독
2017	동아시안컵 우승
2018	러시아 월드컵 감독
2020~2025	인도네시아 대표팀 감독

'원클럽맨'

1986년 U-16 대표팀에 발탁되며 처음 태극 마크를 달았고, 1992년 바르셀로나 올림픽에 출전했다. 포지션은 공격형 미드필더.

1992년 일화 천마에 입단해 프로 생활을 시작했으며, 현역 시절 성남 일화(현 성남FC)에서만 13년 동안 활약한 '원클럽맨'으로 K리그에서 다수의 우승과 MVP를 차지했다. 입단 첫해부터 K리그1 신인상을 받았으며, 이후 성남이 2번의 K리그 3연패(1993~1995, 2001~2003)를 거머쥐는 데 활약했으며, 1995년 AFC 챔피언스리그 우승에 기여했다. 1996년 K리그 득점왕에 올랐으며, 1995년과 2001년에는 K리그 MVP를 차지하면서 K리그 MVP를 2번 차지한 최초의 선수가 되었다. K리그 최초로 60-60클럽에 가입하였다.

K리그 통산 401경기, 99득점, 68도움, 2실점의 기록을 갖고 있다.

(100호 골은 페널티킥으로 차지 않겠다고 팬들과 약속했는데, 2024년 K리그 기록 시스템 및 표기 방식 개선 정책에 따라 누락됐던 경기가 공식 경기 기록으로 인정받으며 골을 찾아내 102골이 되었다. 현재 통산 기록은 405경기, 102골, 69도움, 2실점이다.)

'운이 좋은 놈'

2005년 호주로 떠나 퀸즐랜드 로어 FC에 입단했으나 공교롭게도 첫 경기에서 발목 부상을 입은 뒤 그해 9월 은퇴를 선언하였고, 그후 2년간 퀸즐랜드 로어 FC의 코치직을 수행하였다. 이후 2009년 친정팀 성남의 감독대행으로 첫 감독직을 맡기 시작했다. 성남을 리그 4

위에 안착시켰으며, K리그 챔피언십에서 준우승까지 오르며 활약했다. 이때 출장 정지로 벤치에 앉을 수 없어서 관중석으로 올라가 무전기를 통해 선수들을 지휘하면서 이른바 '무전기 매직'으로 화제가 되기도 했다. 좋은 성적에 힘입어 2010년 성남의 감독대행에서 정식 감독으로 승격되었으며, 그해 AFC 챔피언스리그 결승전에서 3명의 주전이 결장했는데도 불구하고 조바한 FC를 3 대 1로 격파하며 우승을 차지하는 기염을 토했다. 이로써 신태용 감독은 선수와 감독으로 AFC 챔피언스리그에서 우승컵을 들어올린 최초의 인물이라는 기록을 세웠다.

'특급 소방수'

2014 브라질 월드컵 직후 축구 대표팀 코치로 부임해 한국 축구의 자존심을 살려냈고, 2016년 리우데자네이루 올림픽에서는 고故 이광종 감독을 대신해 8강 진출이라는 성과를 냈다. 그 이후로 안익수 감독의 후임으로 U-20 대표팀 감독직에 취임하여 2017년 FIFA U-20 월드컵에 조 2위로 16강까지 진출했다. (U-20 대표팀을 맡으면서 2018년까지 임기가 보장됐던 월드컵 대표팀 코치직을 포기했다.) 갑작스럽게 슈틸리케 감독 후임으로 대한민국 축구 국가 대표팀 감독으로 선임된 후 2018 FIFA 월드컵 본선 진출에 성공하며 아시아 국가로는 최초로 9회 연속 월드컵 본선 진출의 금자탑을 쌓았다. 이 대회에서 디펜딩 챔피언 독일을 2 대 0으로 격침시키는 대이변을 일으키며 '카잔의 기적'을 만들어냈으나 스웨덴에 0 대 1로 패하고, 멕시코에 1 대 2로 패하면

서 아쉽게 16강 진출에는 실패했다. 매번 급작스럽게 지휘봉을 잡으며 '소방수'라는 별명을 얻었다.

'기록의 사나이'

　2020년 인도네시아 축구 국가 대표팀의 사령탑으로 선임되었고, 성인 대표팀 뿐만 아니라 U-20 대표팀과 U-23 대표팀의 감독을 겸임했다. 부임하자마자 2020년 AFF 스즈키컵에서 팀을 4년 만에 결승 진출 및 준우승으로 이끌었고, U-23 대표팀 사령탑으로 출전한 2021 동남아시아 경기 대회에서도 4년 만의 동메달 획득을 이끌었다. 인도네시아 A대표팀 감독으로 출전한 2023년 AFC 아시안컵 3차 예선 A조에서도 강호 쿠웨이트를 꺾는 쾌거를 이뤄내는 등 2007년 이후 16년 만에 인도네시아가 통산 다섯 번째로 아시안컵 본선에 진출하도록 이끌며 기염을 토했다.

　2024 AFC U-23 아시안컵에서 호주와 요르단을 연파하고 사상 처음으로 8강에 진출했으며, 8강전에서 조국 대한민국을 상대로 승부차기 끝에 4강에 진출하는 쾌거를 맛보았다. 이후 기니와의 플레이오프에서 패해 아쉽게도 68년 만의 올림픽 진출이라는 염원은 이루지 못했다. 2026 FIFA 월드컵 아시아 3차 예선에 진출하는 쾌거를 맛보았으나, 2025년 1월 인도네시아축구협회로부터 갑작스런 계약 해지 통보를 받고 감독직을 내려놓으며 마무리하였다.

1장

멈추지 않는 도전
'신따용'

01

★★★

"너희들,
운동선수로는 빵점이다!"

    인도네시아 국가 대표팀 감독 제안을 수락하면서, 내 머릿속에는 이미 인도네시아 축구를 어떻게 만들어갈 것인가에 대한 그림이 펼쳐지고 있었다. 다시 축구에 대한 열정과 열의가 끓어올랐다. 나에게 '도전'은 두려움의 대상이 아니었다. 부딪혀보지도 않고 두려워할 일이 뭐가 있겠는가. 일단 덤벼보는 게 내 성격이다.

    그렇게 과감히 한국을 떠나 인도네시아 축구 경기장에서 국가 대표팀을 처음 만나는 날, 선수들을 만날 생각을 하니 오랜만에 심장이 두근댔다. 한국이 아닌 낯선 땅에서 낯선 선수들과 첫 만남이니 마음가짐이 새롭다고 할까, 신입생 같은 기분도 들었다. 어떤 선수들과 팀을 꾸려가게 될까 내심 궁금하기도 했다. 축구 경기장으로 들어서니 선수들이 일대정렬로 서 있었다. 그들 역시 긴장한 것 같았다.

"반갑다. 신태용이다. 손발 맞춰서 잘 해나가보자. 너희가 나를 믿는다면 우리는 승리할 수 있다. 나를 믿어도 좋아."

첫 만남에서부터 나는 선수들의 사기를 북돋았다. 운동선수는 기량도 기량이지만 정신력이 전부라 해도 틀린 말이 아니다. 반드시 이긴다고 생각하면 경기 내용이 달라지는 게 스포츠 경기다. 아시아 축구계의 최약체, 제대로 정비되지 않은 팀에게 내가 해줄 수 있는 첫마디는 승리에 대한 확신을 심어주는 일이었다.

하지만 대표팀 선수들의 첫 경기를 보고 나니 눈앞이 깜깜했다. 내가 보고 있는 게 정말 대표팀 선수들의 경기인가 싶을 정도였다.

"너희들, 운동선수로는 빵점이다!"

나는 선수들에게 직설적으로 말했다. 생각했던 것보다 심각한 상황이었다. 그들에게는 근성과 열정이 없었다. 느긋해 보이기까지 했다. 더운 나라에 사는 사람들이 대체로 여유롭고 독기가 없다는 건 알고 있었지만, 그래도 운동선수이고 몇 년간 훈련을 받아온 프로인데 어떻게 이런 수준일 수 있는지 한숨이 저절로 새어나왔다. 물론 일반인들이 느긋하고 여유롭게 사는 건 전혀 문제가 되지 않는다. 삶의 방식이 다 다르니 말이다. 하지만 운동선수라면 이야기가 다르다. 선수들은 뚜렷한 목표를 세워놓고 그 목표를 달성하기 위해 집요한 승부욕과 근성을 발휘해야 한다. 상대 팀에 대한 경쟁의식이 있어야 하고, 같은 팀이라도 손발이 안 맞을 때는 서로 비판하고 조율할 줄 아는 화합력도 필요하다. 그러나 인도네시아 대표팀에게는 그런 것이 하나도 없었다. 훈련을 시켜도 제대로 뛰지 않았고, 그늘에 앉아 잡담을 나누거나 쉬는 모습도 자주 목격됐다. 경기에 들어가면 더 가관이었다. 어처구니없는 경기력으로 참패를 당해도 전혀 스트레스를 받지 않았다. 그러니 반성도 없고 발전도 없었다. 심지어는 자책골을 넣고도 동료 선수와 하이파이브를 하며 웃었다. 그 모습에 너무 어이가 없어서 경기가 끝난 후 다그쳐 물은 적이 있다.

"야, 너희 제정신이야? 자책골을 넣고 하이파이브를 해?"
"다음에는 실수하지 말고 잘 해보자는 뜻에서 그런 거예요…."

태국과의 경기가 있었던 때의 일이다. 위탄 술라에만 선수였는데, 골키퍼까지 다 제쳐놓고도 골을 넣지 못했다. 상대 수비선수도 아무도 없었고, 각도도 다 비어 있었는데 말이다. 나는 (마음속으로) 땅에 엎드려 큰절을 했다. "아이쿠"라는 탄식이 절로 입에서 나왔다.

골을 안 먹어야 하는데 실수로 골을 먹었을 때가, 골을 못 넣었을 때보다 더 화가 난다. 하지만 선수들은 져도 그만이고 어쩌다 이기면 좋다는 식이었다. 사람 미쳐버린다. 이런 마음가짐으로 공을 차고 있으니 발전이 있을 리 없었다. 이런 정신상태의 팀으로는 아무것도 할 수 없었다.

기술을 습득하는 게 중요한 게 아니라 멘털부터 강화하는 게 우선이었다. 정신력이 약해서는 절대 이길 수 없는 게 스포츠 경기니까 말이다. 그때부터 나는 대표팀의 모든 것을 강도 높게 혁신했다.

너희가 한국보다 잘살아?

나는 선수들의 멘털 강화부터 시작했다.
"솔직히 말해 보자. 너희가 한국 선수들보다 잘살아? 연봉

많이 받아?"

다짜고짜 다그치듯 내뱉는 말에 선수들은 입을 꾹 다물고 아무 말도 하지 못했다.

"한국 선수들은 안 되는 것도 되게 한다는 투지로 훈련을 받고 경기에 임한다. 그런데 너희들은 뭐지? 그렇게 설렁설렁 하는 둥 마는 둥 경기장이나 어슬렁거리고 웃고 떠들면서 국가대표라는 이름표를 달고 다니는 게 부끄럽지도 않아? 이 경기에서 죽는다는 정신으로 경기에 임하지 않으면 아무리 약체 팀을 상대한다고 해도 너희는 절대 이길 수 없다. 한 경기 한 경기 열과 성을 다해서 뛰는 선수만 살아남는다는 걸 절대로 잊으면 안 돼. 알겠나!"

'안 되는 것은 없다'는 게 나의 신념이다. 설불리 결과를 염두에 두고 훈련하는 건 패배자의 마인드다. 결과와 상관없이 '안 되는 것은 없다'는 단단한 정신력으로 시합을 준비하고 훈련을 해야 설령 실전에서 패배하더라도 실력이 향상되고 강한 팀이 될 수 있다.

선수들의 정신력을 강화하는 일은 쉽지 않았다. 정신력을 무장하는 게 체력 훈련을 하는 것보다 더 어렵다. 확실한 동기부여를 주고, 선수들이 성취감을 느껴야 그들의 생각과 행동

방식이 바뀌니까 말이다.

  내가 꿈꾸는 팀의 색깔은 단 한 명의 뛰어난 선수보다 단결된 원팀이 되는 것이다. 그런 팀으로 조직하기 위해 나는 주위에서 나에게 쏟아 붓는 화살을 묵묵히 맞았다.

02

★★★

교체, 교체, 교체, 모든 것을 바꿔라

    인도네시아 축구 대표팀 감독을 맡으면서도 마찬가지이고, 내가 축구선수가 된 그순간부터 나의 목표는 오직 하나였다.
    "승리."
    경기에서 이기는 것이 내가 가진 유일한 목표였다. 특히 지도자가 되고 나서부터는 이기는 경기에 대한 책임감을 더 많이 짊어져야 하기 때문에 늘 이기는 전략, 이기는 방법만 생각했다고 해도 과장이 아니다. 인도네시아에서 나는 절대적인 권한을 부여받았기에 승리하는 팀을 만들기 위해 선수 구성부터 다시 시작했다.

선수 90퍼센트를 교체하다

　내가 제일 먼저 단행한 조치는 기존 국가 대표 선수의 90퍼센트를 물갈이하는 일이었다. 몇몇 스타 플레이어가 훈련장에 늦게 나타나고 어슬렁거리면서 팀 분위기를 망쳐놓고 있다고 판단했기 때문이다. 그들은 승패보다 자신의 인기에 취해 있었다. 인도네시아에서 축구 국가 대표팀은 아이돌급의 인기를 누리고 있었다. 돈과 명예, 대중적 인기까지 다 쥐고 마치 자기가 왕인 것처럼 구는 선수도 있었다.

　그런 선수는 팀에 필요 없다. 아무리 인기가 많고 팬이 많아도 나는 그렇게 해이한 정신력으로 팀 분위기에 안 좋은 영향을 미치는 선수들은 두고 볼 수 없었다. 그래서 그들을 과감히 내보냈다. 반응은 즉각적으로 나타났다.

　"지금껏 팀을 이끌어온 선수를 경질해? 제정신인가?"

　"그 선수가 대표팀의 스타 플레이어인데 자기 마음에 안 든다고 하루아침에 자른다고? 너무 맘대로잖아!"

　"강력한 공격수가 없는데 어떻게 경기에서 이긴단 말야! 괜히 유명한 게 아니라고!"

　항의가 빗발치고 저항도 거셌다. 하지만 나는 흔들리지 않았다. 아무리 인기가 많고 스타성이 있어도 팀을 위해 뛸 줄 모르는 선수는 우리 팀에 필요한 선수가 아니었다. 축구는 혼자 하는 경기가 아니기 때문이다.

선수 청탁은 No!

당연히 이기는 게임을 하려면 실력 있는 선수가 기본이다. 나는 가능성 있는 선수들을 선발하기 위해 선수들을 경기에서 뛰어보게 한 뒤 직접 경기력을 보고 선발했다. 국가 고위층이나 부유층에서 자신의 자녀나 지인의 자녀를 선발해 달라고 청탁하기도 했지만, 절대 대표팀에 합류시키지 않았다. 강한 팀을 만들려면 기본적으로 축구에 대한 애정과 발전 가능성이 있는 선수를 선발하는 게 최우선 조건이라고 생각했기 때문에 20~22세의 어린 선수들 위주로 팀을 꾸렸다.

강도 높은 훈련과 연습, 그리고 감독의 말을 믿고 성실하게 따라줄 좋은 선수들을 찾아나섰다. 이들이 인도네시아의 축구 미래가 될 것이라고 생각하면서, 나는 내가 구상한 그림을 하나씩 만들어나갔다.

골리앗과 다윗의 경기

2026 북중미월드컵 아시아지역 3차 예선전, 원정으로 치른 사우디아라비아와의 경기. 이날은 중동에서 가장 기술이 좋은 강팀과의 경기였다. 3차 예선에 처음 올라간 인도네시아팀은 승승장구하면서 주목받기 시작했고, 선수들도 자신감이 붙어 가던 때였다.

그런데 사실은 인도네시아 대표팀의 주축 선수들 중 소속팀에서 게임을 뛰는 선수는 반도 안 됐다. 즉 자기 소속팀에서 게임에 나갈 기회를 얻지 못하는 선수들이 태반이었다.

일단 사우디전에서 게임 뛴 선수들을 살펴보면, 골키퍼 마르틴 파에스는 미국 FC댈러스에서, 제이 이제스는 이탈리아 2부 리그 베네치아에서 뛰고 있다. 리츠키 리도는 인도네시아 리그인 페르시자 자카르타팀에서, 캘빈 베르동크는 네덜란드에서 뛰고 있다. 이 4명은 확실히 게임을 뛰는 선수들이다. 경기체력이 있다는 얘기다.

그에 반해 오른쪽에서 뛰었던 샌디 월시(산디)는 팀에서 교체해서 들어갈 때도 있고 안 들어갈 때도 있고, 교체해도 5분

뛰는 경우도 있다. 왼쪽에서 뛴 나탄 추아온(네이슨)은 팀 자체가 없어서 아예 경기에 못 나가는 경우도 있다. 미드필드에서 뛴 톰 하예 역시 소속이 없는 무적선수이다. 이바르 제너는 네덜란드 2부 리그에서 그나마 70분씩 소화하는 선수다.

최전방에서 공격을 이끈 라파엘 스트라윅은 2부 리그 경기에서 들어갔다 나갔다 하는 정도이고, 왼쪽 윙을 맡은 라그나르 오랏망운(라그너)은 최근에 팀을 구해서 아예 경기에 한 번도 못 뛰었던 선수다. 오른쪽에 위탄 술라에만은 인도네시아 리그에서 뛰고 있다.

그러니까 기본적으로 5명 정도는 경기를 못 나간 선수로, 경기체력을 갖고 있는 선수가 절반밖에 없었다.

이런 상황에서도 우리 선수들은 사우디아라비아와의 경기에서 1 대 1 무승부 결과를 만들어냈다. 더욱이 선제골도 넣었다.

저녁 경기였는데도, 체감온도가 45도였다. 이런 악조건 속에서 우리가 사실상 이긴 거나 다름없었다.

나는 선수들에게 말했다.

"이제 시작이다!"

03

★★★

실력 있는 선수가
인성도 좋다

처음에 인도네시아 대표팀에 부임하고 보니 아무 말 없이 다음 날 훈련에 안 나오거나 중간에 자리를 비우는 선수가 많았다. 우리나라에서는 있을 수 없는 일이었기에 적잖이 놀랐다.

내가 중요시하는 선수의 조건은 열정과 인성이다. 이 두 가지는 눈으로 보이는 게 아니다. 체력이나 실력은 눈으로 보이지만, 선수의 가능성이나 인성은 눈에 보이지 않기에 더 중요하다.

축구는 합숙 훈련을 많이 한다. 합숙 훈련을 하다 보면 처음에는 보이지 않았지만 두 번째 소집, 세 번째 소집을 하다 보면 선수들의 인성이 서서히 드러난다. 인사 잘하는 선수, 배려 있는 선수도 있고, 반면에 거짓말하는 선수, 남 탓 하는 선수, 말만 잘하는 선수도 하나씩 보이기 시작한다.

훈련 도중 사라지는 선수들

대표팀 소집일이었다. 10시 정각에 모이기로 했는데 선수가 오지를 않는다. 내 눈빛이 바뀌는 걸 눈치챈 코칭 스태프들이 부랴부랴 구단에 연락을 취했다. 그런데 구단에서는 대표팀 훈련 간다고 선수를 보냈다고 말하는 게 아닌가. 수소문 끝에 선수와 연락이 닿아 알아보니 그 이유가 가관이었다.

"아버지가 편찮으셔서 약을 사다드리고 돌봐드리느라 집에 있었습니다."

"배가 아파서 집에 가서 쉬었어요."

"급한 일이 있어서 집에 갔다 왔습니다."

스태프들에게 한마디 말도 없이 자기 일을 보고 오는 이런 선수들이 정말 많았다. 물론 개중에는 정말 급한 일이 생겨서 그랬을 수도 있지만, 얼렁뚱땅 둘러대는 말도 많았다. 집안에 일이 생기고 개인 사정이 있으면 스태프에게 미리 말하면 되는 일인데 선수들은 그런 생각조차 없었다. 어떤 선수는 자기가 실수를 했으면서도 다른 선수가 패스를 잘못해서 그랬다는 식으로 떠넘기는 태도를 보이기도 했다. 이런 불성실하고 남 탓 하는 태도를 단지 문화 차이라며 넘어갈 수는 없었다. 그런 몸에 밴 습관을 고치는 데 애를 많이 먹었다.

"이 녀석아, 코칭 스태프에게 말을 해야지, 말하면 당연히 보내주지. 왜 얘길 안 하고 가나?"

나중에 보니, 선수 아버지는 무척 건강하셨고, 대표팀 훈련에 불참하고 집에서 휴식을 취한 그 선수는, 인도네시아팀 최고의 선수였다. 골도 잘 넣고 팀 우승에 꼭 필요한 선수이기도 했고, 축구장에 팬 동원력도 높았다.

거짓말하는 선수, 퇴장!

나는 인도네시아팀이 왜 약체 팀에서 벗어나지 못하는지 그 이유를 알 수 있었다. 최고의 선수는 경기에 불참해도 되고, 감독의 말을 따를 이유도 없고 멋대로 행동해도 된다는 식의 그 잘난 멘털이 문제였다. 그들에게는 스타 선수인 자신이 최고이고, 자신은 무슨 짓을 해도 안 짤린다는 고정관념이 있었다. 하지만 나한테는 절대 통하지 않는 일이었다. 나는 그 잘난 선수를 영원히 집으로 돌려보냈다. 집에 가서 혼자 개인 훈련하라고.

팀워크는 선수들 간의 끈끈한 신뢰에서 오는 것이기도 하지만, 선수 개인의 성실함과 인성도 중요한 영향을 미친다. 팀을 가장 최우선으로 생각하는 자세가 중요하다는 뜻이다. 축구팀은 공동체다. 따라서 공동체에 피해를 주지 않는 인성을 갖추는 게 무엇보다 중요하다. '내가 이걸 잘하니까 내 식대로 밀고 나가야지.' 이런 생각을 갖고 있는 오만한 선수를 나는 과감히 경질했다. 그리고 거짓말을 하면서 팀 소집에 늦게 오거나 안 나오는 선수도 가차 없이 방출했다.

인성이 기본이다

내가 선수들도 인성이 좋아야 한다고 말하면 많은 사람들이 의아해한다. "운동선수가 운동만 잘하면 되지 인성까지 좋아야 해요?"라는 식이다. 하지만 인성은 선수들이 갖춰야 할 아주 중요한 덕목이다. 선수에게 필요한 인성이란 다른 사람과 조화를 이루려는 태도를 말한다. 혼자서 편한 길로 가는 게 아니라 다른 선수들과 똑같이 훈련받고, 힘들어도 똑같이 견디고 감내하는 태도 말이다. 말은 쉽지만 행동으로 옮기기는 쉽지 않은 일이다. 인기나 명예에 흔들리지 않을 사람이 어디 있겠는가. 자기에게 쏟아지는 찬사와 환호를 들으면 어깨도 쫙 펴지고 고개도 빳빳해지곤 한다. 자신을 더 드러내고 싶고 다른 선수보다 내가 더 돋보이고 싶은 게 인지상정이다. '내가 이 정도 팀에 공헌을 하는데 이 정도는 누릴 수 있는 거 아냐?'라고 생각할 수도 있다.

하지만 그런 본능적인 욕망을 억누를 줄 아는 게 선수의 인성이다. 스타랍시고, 유명하답시고 한두 명이 제멋대로 행동하면 그건 팀 전체에 독이 된다. 이것이 내가 소위 '스타 플레이어'라고 불리는 선수를 선호하지 않는 이유이기도 하다.

인도네시아 대표팀 감독으로 부임했을 때 불성실한 스타 선수들을 과감히 경질한 것도 이러한 나의 축구 철학에서 비롯된 것이다. 물론 반발이 많았다. 대중들은 스타 플레이어를 좋아하고 그런 선수들의 화려한 개인기를 보고 싶어 하기 때문이다. 그러다 보니 스타 선수들을 경질할 때마다 그 선수의 팬들은 나를 거세게 비난했다.

그래도 나는 눈 하나 깜짝 안 했다. 언젠가 "축구를 너무너무 잘하는 선수가 있는데 인성이 좋지 않고 불성실하다면 어떻게 하겠는가?"라고 누군가가 물은 적이 있다. 나는 1초도 망설이지 않고 "방출한다"라고 답했다. 그만큼 내가 가장 중요하게 생각하는 것이 선수의 성실성과 인성이다.

"거짓말하는 선수는 기본 자질이 안 되어 있는 거야. 나는 그런 선수 못 받아준다. 내일부터 당장 나오지 말라고 해."

이런 단호한 결정에 스태프들도 놀랐다. 선수들도 처음에는 그냥 겁주려고 하는 말이겠지 생각하며 설마설마했다. 하지만 나는 과감하게 선수들을 경질했다. 그렇게 해서 방출된 선수가 꽤 여러 명이다.

그러자 다른 선수들도 하나둘 태도를 고치기 시작했다. 한순간에 대표팀에서 방출되는 게 무섭기도 하거니와 내 결정의 의도를 이해하게 되었기 때문이었다. 그렇게 선수 하나하나가 성실한 태도로 훈련에 임하면서 이는 곧 경기력 상승으로 나타났다. 경기력이 탄탄해지자 나를 비난하던 축구팬들도 내 편으로 돌아서기 시작했다.

04

★ ★ ★

'쯔빳쯔빳(빨리빨리)' 공격해

내가 인도네시아에서 가장 많이 한 말은 "쯔빳쯔빳(빨리빨리)"일 것이다. 훈련할 때 선수들의 움직임을 보고 있으면 "쯔빳쯔빳"이라는 말이 저절로 나온다. 처음에는 선수들도 나의 다그침과 하드 트레이닝에 굉장히 힘들어했다. 왜 '쯔빳쯔빳' 해야 하는지, 그 단어에 담긴 뜻이 무엇인지 이해하지 못해서 괴로워했다. 인도네시아에서는 그런 문화 자체가 없으니 당연한 반응이었다. 느슨하고 여유로운 방식으로 살아온 선수들을 다그치고 내 방식에 적응할 수 있도록 유도하는 게 내가 풀어야 할 가장 큰 숙제였다.

"쯔빳쯔빳" 다음으로 많이 한 말이 "반기나마, 반기나마(커뮤니케이션, 커뮤니케이션)"으로 "서로 말을 많이 해!"라는 말이었다. "내가 저쪽으로 패스한다", "이쪽으로 패스한다, 뒷 공간으로 들어와라." 경기를 하면서 이렇게 끊임없이 서로 소통해야 경기가 원활하게 풀린다. 하지만 인도네시아 선수들은 그런 사인을 서로에게 보내지 않았다. 그러니 공은 항상 흘러 다녔고 상대 선수에게 빼앗기기 일쑤였다. 아무리 말을 해도 이 태도는 잘 고쳐지지 않았는데, 이건 아마 서로가 잘못된 걸 지적하면 안 되는 인도네시아 특유의 문화 때문이었던 것 같다. 인도네시아는 무슬림 국가로 그들은 남에게 싫은 소리를 하면 천국에 못 간다는 믿음을 가지고 있었다.

예전에 히딩크 감독이 우리나라 대표팀 감독으로 부임했을 때 우리나라 선수들이 선후배 관계 때문에 사인을 많이 안 한다고 지적한 적이 있다. 사실이었다. 당시에는 위계가 매우 엄격해서 후배는 선배가 무서워서 말을 못했다. 하지만 인도네시아는 선후배를 떠나서 아예 사인을 주고받지 않았다. 거짓말 안 보태고 스태프들이 말을 더 많이 할 정도였다. 아무리 "고함쳐, 파이팅 해!"라고 다그쳐도 "파이팅"이라는 말조차 하지 않았다. 선수들 간에 유전자처럼 내면화되어 있는 이 문화를 바꾸지 않고는 경기에 활력을 불어넣을 수가 없었다.

"공이 어디로 간다, 안 간다, 저리로 가라, 나는 여기로 간다. 이런 걸 얘기해 줘야 돼! 옆에 있는 선수가 네 생각을 알겠어? 말을 안 해도 들려? 아니잖아! 네가 무슨 생각을 하고 있는지 말을 해야 같이 뛰는 선수가 알 거 아니야! 말 전술이 얼마나 중요한지 알아? 부지런히 움직이고 끊임없이 말을 하란 말이야!"

실수나 잘못은 모두가 공유해야

어려움은 더 있었다. 서로에게 싫은 소리를 하지 않는 문화는 경기력 향상에도 걸림돌이었다. 같은 실수가 반복되는 것을 방지하려면 한 선수의 실수나 잘못을 모든 선수들이 공유해야 했는데, 인도네시아 선수들은 그런 공개적인 지적을 굉장히 싫어했다. 마치 심한 욕설을 들은 것처럼 인격 모독으로 받아들였다. 그들의 그런 문화는 존중했지만 그것이 경기에 방해가 되거나 걸림돌이 된다면 과감히 돌파해야 했다.

물론 처음에는 저항이 많았다. 선수들은 '어떻게 한 사람의 인격을 저렇게 공개적으로 무시하고 비난할 수 있을까?' 하는 거부감 가득한 눈빛으로 나를 보았다. 하지만 나는 선수들에게 진심을 다해 호소하며 내 진심을 전했다.

"이건 너희 자존심에 상처를 주고 너희를 망신 주려는 게 아니다. 잘못된 방식을 모든 선수와 공유하고 고치기 위한, 강한 팀을 만들기 위한 고육책이다. 실수를 인정하고 받아들인다면 감독이 공개적으로 잘못을 지적했다고 해서 자존심 상할 이유가 없다. 그런 건 자존심도 아니다. 우리 팀이 똑같은 실수를 반복하지 않고 선수 모두가 고르게 역량을 끌어올리는 게 나의 역할이라는 것을 이해해 주기 바란다."

감독 신태용, 인간 신태용

진심으로 다가가면 진심으로 마음을 열어주는 게 인지상정이다. 마침내 선수들은 나의 진심을 받아주었고, 선수를 지도할 때의 신태용과 인간 신태용은 다르고, 달라야 한다는 점을 이해해 주었다. 나와 선수들 사이에 신뢰가 생기기 시작한 것이다. 아무리 좋은 전술을 입히고, 기술을 가르쳐도 선수들에게 감독에 대한 믿음이 없으면 감독이라는 권위는 물론이고 팀의 응집력마저 떨어진다.

'저 감독은 도대체 왜 저런 말을 하고 저런 행동을 하는 걸까?'

'저 사람의 목표 의식이 우리의 목표 의식과 부합하는 걸까?'

'자기의 명예를 위해 우리를 이용하는 건 아닐까?'

선수들이 감독에게 이런 의심을 품기 시작하면 그 팀은 좋은 팀이 될 수 없다. 선수들 사이에서 "저 감독은 나랑 안 맞아", "저 감독은 우리 팀을 잘 몰라" 같은 말이 나오면 팀이 잘될 수 없다. 그런데 다행히 인도네시아 선수들은 물이 스펀지에 스며들 듯 나를 온전히 수용하고 무한 신뢰를 보여주었다.

그게 원팀의 비법이었다.

05

★★★

운동장에서는
절대 타협하지 않는다

　선수들이 감독의 한마디 한마디에 귀를 기울이고 감독을 존중하고 잘 따라오면 감독은 모든 걸 다 내주고 싶다. 나의 경험과 전략, 기술을 모조리 전수해 주고 싶고, 할 수 있는 모든 지원을 다 해주고 싶다. 그래서 나는 선수들한테 항상 그렇게 강조했다.

　"나는 피치 안에서만큼은 너희들에게 100프로 감독으로 남아 있을 것이다. 피치 안에서의 모든 권한은 내가 다 가져간다. 하지만 피치 밖에서는 너희들과 나는 동급이다. 너희들이 원하는 걸 나는 다 들어줄 거야. 너희들이 협회에 원하는 것, 선수로서 불편한 점, 필요한 것 모두 나에게 이야기해라."

선수들에게 믿음을 심다

호언장담한 그대로 나는 선수들의 일리 있는 부탁이라면 협회와 싸워서라도 최대한 선수들 편에 서서 다 들어주었다. 눈치를 보거나 몸을 사리지 않고 원하는 모든 것을 협회에 이야기해 주었다. 위에서 한마디 내려오면 아무것도 건의하지 못하고 따르기만 하던 이전의 시스템을 다 바꾸어버린 것이다.

원정 경기 다니면서 선수들에게 비즈니스 전세기를 제공하거나 특급 호텔을 숙소로 정한 것도 선수들에게 최고의 환경을 만들어주고 싶다는 나의 건의로 성사된 일이었다. 그러니 선수들은 나를 신뢰할 수밖에 없었다. '신태용은 한다면 하는 사람이다, 우리를 위해서라면 발 벗고 나서준다'는 믿음을 심어준 것이다.

이렇게 서로 흡수되어가는 신뢰와 소통은 경기 훈련과 결과로 나타났다. 강도 높은 훈련도 잘 따라왔고, 감독의 눈빛 하나에 선수들이 일사분란하게 움직이기 시작했다.

약체 팀에서 다크호스 팀으로

2024년 11월, FIFA 랭킹 129위이자 월드컵 본선 출전 경험이 전무한 인도네시아와 FIFA 랭킹 59위의 '중동 강호' 사우디아라비아의 경기. 지난번 사우디아라비아와의 원정 경기에서는 1 대 1로 무승부를 기록하였고, 이번 인도네시아 홈에서 펼쳐지는 맞대결에서는 승리를 기대하고 있었다. 나는 선수들이 스스로 위축되지 않도록 "순위는 숫자에 불과하다"라고 이야기했다. 우리는 승리할 것이고, 너희는 할 수 있다. 훈련한 대로만 뛰고 오자!

선수들은 기세를 몰아서 강호 사우디를 2 대 0으로 완파했다. 이제 인도네시아는 약체 팀이 아니라 눈여겨봐야 할 다크호스 팀으로 여겨졌다. 8만 명이 들어가는 경기장에서는 축구 팬들이 "신따용"을 외치고 있었다. 나 역시 뭉클하고 뿌듯했다.
    선수들은 모두 나를 포옹하고 얼싸안았다. 그들 역시 우리의 승리에 놀랐다. '우리가 해낼 수 있구나'라는 것을 몸소 체험한 선수들의 눈빛은 기쁨의 눈물과 땀으로 범벅이 되어 있었다. 서로가 서로를 격려하며 모두 얼싸안고 기뻐했다.

행동하는 수평 리더십

  90분 이상 경기를 뛴 선수들의 몸은 땀으로 흠뻑 젖어 있었다. 우리는 락커룸에 들어와서도 서로 부둥켜안고 승리를 자축했다. 이 순간 내가 감독인지 선수인지는 중요하지 않았다. 우리는 하나였다. 나는 이렇게 경기장 밖에서는 선수들과 스킨십을 많이 한다. 평소 운동장에서 연습할 때도, 툭툭 장난스럽게 어깨를 치면서 긴장을 풀어주고 격려를 하는데, 피치 밖에서는 감독과 선수가 아니라 그냥 선배, 후배라는 생각으로 수평적으로 행동한다. 한국의 어떤 교수님은 선수들과 몸을 뒤엉키면서 하나되는 내 모습이 신기한지, 그 방법이 뭔지 물어보기도 했다.

  "나는 감독이고, 너희는 선수다."

  이 말은 피치 안에서만 통한다. 밖에서는 형 동생 또는 선후배, 친구 같은 지도자로 다가서려고 한다. 어처구니없는 실수를 하는 선수들에게는 꿀밤을 때리기도 하고, 웃으면서 등짝 스매싱을 날리기도 한다. 선수들도 내가 장난친다는 걸 알아서 오히려 역으로 몰래 나를 넘어뜨리려고 하거나 팔을 툭 치고 도망가기도 한다. 이렇게 어린 친구들과 친밀함을 나눌 수 있어서 좋다.

중요한 것은 나도 편하고 선수들도 편해야 축구를 즐길 수 있다는 사실뿐이다. 경직된 상태에서는 실수가 나오기 때문에 나는 선수들을 최대한 편하게 해주려고 노력했다.

단, 경기장 안에서는 날이 바짝 선 독설로 정신을 차리게 해야지! 나는 감독이니까!

06

서로를 이해해야 알 수 있다

인간관계든 팀의 질서든 협회의 시스템이든 힘들이지 않고, 공들이지 않고 거저 주어지는 건 없다. 나는 다른 문화권에서 왔고, 선수들은 한 나라의 관습에 영향을 받으며 성장했으며 협회는 기존의 시스템을 고수하고 있다면 서로 자기가 가진 것을 내어주고 융합할 수 있도록 노력해야 한다.

내가 선수들과 수없이 많은 개인 면담을 진행하고, 선수들의 의견을 적극적으로 수용하고 무슬림 문화를 공부한 이유도 여기에 있었다. 내가 그들을 존중한다는 것을 보여주고 싶었고, 그들에게 예의를 지키고 싶었기 때문이다. 막무가내로 내 방식만 강요한다면 그것 또한 선수들의 사기를 꺾을 수 있는 일이니까 말이다. 상대의 문화를 존중하는 큰 틀에서 새로운 방식을 적용해야 선수들도 기꺼이 지도자의 방식을 따른다. 무작정 강요하거나 받아들이라고 하는 것이 아니라 절충하고 양해를 구하는 것, 그것이 원팀이 되기 위한 전제 조건이자 필수 조건인 것이다.

이슬람교가 뭔가요?

인도네시아팀 축구감독으로 부임하기로 결정된 뒤, 나는 인도네시아의 역사와 문화 등 환경에 대해서 공부할 필요가 있다고 생각했다. 축구에 관해서는 그 누구보다 잘 알지만 인도네시아 사람들의 성향과 문화에 대해서는 도통 아는 게 없었다. 나는 인도네시아로 국적을 바꾸신 자카르타대학교의 안 박사님에게 인도네시아에 대한 수업을 받았다. 식당에서 룸을 빌려서 식사 전 3시간 정도씩 강의를 들었는데, 교수님은 이곳에 부임한 축구감독인 나에게 필요한 것들을 세심하게 하나씩 알려주셨다. 그중 특히 무슬림으로서 하면 안 되는 것들에 대해서 알려주셨는데, 하지 말라는 것도 많았고 해야 하는 것도 많았다. 나는 그중 중요한 것들만 실천하는 걸로 적정하게 타협했다.

기도 시간은 방해하면 안 된다

인도네시아인들의 이슬람교에 대한 신앙심은 어마어마하다. 이곳에서는 축구 얘기보다 종교 얘기부터 한다. 종교만큼은 100퍼센트 전폭적으로 지지한다.

인도네시아 선수들과 훈련을 해보니 그게 무슨 얘기인지 알 수 있었다. 물을 마실 때도, 한국 선수들은 목이 타면 페트병 채로 벌컥벌컥 물을 들이키는데, 이들은 아무리 목이 말라도 앉아서 물을 마셨다. (처음에는 이 광경이 웃기기도 하고 낯설었다.)

또 훈련하는 도중이라도 기도 시간이 되면, 어김없이 무릎을 꿇고 기도를 올렸다. 종교에 관해서는 감독이라고, 피치 안이라고 주장할 게 못 됐다. 나는 이들의 종교를 받아들이고 이해할 수밖에 없었다. 아무리 중요한 경기가 벌어지더라도 말이다.

사우디에 경기하러 갔는데 성지순례를 간다고?

해가 진 저녁 시간, 우리는 며칠 후에 치를 사우디아라비아와의 경기를 위해서 사우디 제다공항에 내렸다. 차를 타고 호텔로 이동하고 있는데, 차 안에서 수근대는 소리가 들렸다. 나는 별 반응하지 않고 있었는데, 코칭 스태프 한 명이 내 옆으로 와서 상황을 전달해 줬다.

"감독님, 선수들이 성지순례를 다녀오고 싶다는데요?"

"뭐라고? 시합하러 왔는데 성지순례를 다녀온다고? 이게 말이 되냐? 미쳤어? 안 돼!"

시합이 중요하니 요청을 거절했는데, 선수들이 몇 번이나 계속 보내달라고 부탁을 해왔다. 어디를 가겠다고 저러는 거냐고 코치한테 자세히 물어보니 성지순례하는 곳이 제다에 있고, 무슬림들에게는 이곳으로 성지순례 가는 게 꿈같은 일이라고 했다. 그 말을 들으니 부탁을 너무 매정하게 거절했다는 생각도 들었다.

"시합하러 와서 무슨 성지순례야?"

"이곳 제다에 유명한 성지가 있어서요. 짐 풀고 저녁 11시에 나가서 낼 아침 먹기 전까지 다녀오면 안 될까요?"

"뭐, 이 밤에 다녀온다고? 거기는 밤에 문 안 닫냐?"

"예, 24시간 열려 있어요!"

나는 종교는 이길 수 없다는 생각이 들었다. 그래서 내일 아침 7시 30분에 출발해서 1시 30분 점심 전까지 들어오라고 얘기하고 허락해 줬다. 그제서야 선수들의 얼굴에도 안도의 미소가 번졌다.

그런데 다음 날, 1시 30분 점심시간이 됐는데도 성지순례 간 선수와 스태프들이 돌아오지 않았다. 그들은 2시 40분이 되어서야 돌아왔다. 나는 화가 불끈 치밀었지만 참았다. 이틀 후 경기가 있는 날이기도 하고, 다녀온 선수와 스태프들의 표정이 편안해 보였기 때문이었다. 자신들이 믿는 종교의 최고 우상을 만나고 왔고, 돈 내고도 못 가는 곳이기도 하니, 나는 늦게 와서 미안해하는 선수들에게 "괜찮다"라고 말하고, 이제 경기에 집중하자고 했다.

신께서 인도네시아를 응원해 주신 걸까, 제다의 킹 압둘라 스포츠시티 스타디움에서 펼쳐진 2026 FIFA 월드컵 아시아 3차 예선 C조 1차전 경기에서 인도네시아는 사우디아라비아를 상대로 1 대 1 무승부를 기록했다. 이날 경기에서 FIFA 랭킹 129위인 인도네시아가 56위의 사우디아라비아를 상대로 한 원정 경기에서 값진 승점 1점을 따낸 것이다.

원정 경기에서 선제골을 넣고 강팀과 붙어서 1 대 1 무승부로 승점 1을 얻은 것은, 마치 신께서 우리를 도와주신 거 같았다. 성지순례 보내길 잘했구나. 축구보다는 종교가 우선인 나라, 이 나라에 나도 점차 적응해 가고 있었다.

마음은 쉽게 들키는 법

해외에서 부임한 선수들에게 가장 큰 문제가 언어 소통인데 나도 그 문제에 가장 신경을 많이 썼다. 선수들의 컨디션과 멘털 관리에는 감독의 한마디 한마디가 굉장히 큰 영향을 미치기 때문에 통역가에게 특별히 내 억양과 말투까지도 통역해 줄 것을 부탁했다. 의사소통 문제로 선수들이 오해를 하거나 감정이 상하면 안 되기 때문이었다. 사실 그 나라 말을 배우는 게 가장 좋지만 솔직히 인도네시아 말은 너무 어려웠다. 그래도 인사말이라든가 짧은 말 정도는 인도네시아어로 하려고 노력했다.

2026 FIFA 북중미 월드컵 아시아 지역 2차 예선에서 필리핀을 이긴 뒤 SNS에 인도네시아 말로 감사 인사를 올린 것도 인도네시아어에 대한 존중, 더 나아가서는 국민들에 대한 존중에서 나온 행동이었다. 그때 나는 "인도네시아가 나를 변함없이 믿고 지지해 줘서 감사하다. 나를 향한 팬들의 신뢰는 다

른 팀들과 경쟁할 수 있는 팀을 만들 수 있게 하고, 언제나 열심히 싸울 수 있도록 한다. 높은 성과를 내고 규율을 갖추기 위해 노력할 것이다"라고 적었다. 꽤 긴 문장이어서 배우는 데 힘들었지만 정성껏 메시지를 전했다. 그건 나를 사랑해 준 인도네시아 국민들을 위한 보답이기도 했다. 인도네시아에서 정말 큰 사랑을 받았고 아낌없는 지지를 받았다. 다른 국적의 감독인데도 거리낌 없이 받아들여주고 응원해 주었다. 선수들도 국민들도 모두가 그랬다. 그에 대한 감사의 마음을 인도네시아어로 조금이나마 전하고 싶었던 것이다.

상대와 좋은 관계를 맺는 지름길은 상대를 존중하는 태도를 갖는 것이다. 그것이 없다면 위선으로 상대를 대하게 되고, 그런 마음은 언젠가 들통이 난다. 선수들이 나를 믿고 따라오게 하려면 나에 대한 존경과 존중이 있어야 하듯이 나 또한 선수들에게 존경과 존중을 보여야 한다. 마음은 너무나 솔직한 것이어서 상대에게 금방 들키게 되어 있다. 존중할 것은 존중하되 바꿔야 할 것은 과감하게 바꾸는 태도, 그것이 '존중의 리더십' 아닐까?

07

★★★

우리에게 필요한 건
스타가 아니라 멤버십

축구 경기에서 말하는 '강한 팀'이란 무엇일까? 스타 플레이어가 많은 팀? 화려한 기술 축구를 구사하는 팀? 물론 필요한 요소지만 절대적인 건 아니다. 내가 생각하는 강한 팀은 '승부 근성'이 재능만큼 충만한 팀이다.

뛰어난 승부 근성

소위 승부욕이라고 말하는 승부 근성은 승부에 대한 무서울 만큼의 집착과 집중력을 말한다. 특히 운동선수에게는 이 근성이 누구보다도 필요하다. 한국에서 지도자 생활을 할 때도 나는 선수들에게 이 점을 늘 강조했다. 스파르타식 훈련을 받고 엄청난 경쟁 속에서 프로축구 팀 선수가 되고 국가 대표로 발탁되는 우리나라 선수들은 대체로 승부 근성이 뛰어나다. 실력이 비슷하다고 할 때 누가 두각을 나타내느냐는 바로 이 근성의 강도에 달려 있다고 해도 틀린 말이 아니다. 선수 하나하나가 이런 승부 근성으로 가득 차 모두가 똘똘 뭉칠 때 그 팀은 강팀이 된다.

그리고 그러한 단합력은 훈련을 통해서 길러진다. 같이 힘든 훈련을 견뎌내고 극복하는 과정에서 승부 근성과 단합력이 형성되는 것이다. '훈련한다'는 말은 '노력한다'는 말과 같은 말이다. 아무리 타고난 재능이 있다고 해도 그것을 훈련으로 담금질하지 않으면 그 재능은 오래가지 않는다.

열정 넘치는 노력파

"누구나 천재를 칭송한다. 하지만 나는 무기력한 천재보다 열정 넘치는 노력파를 더 칭송한다. 그게 선수가 가져야 할 중요한 자질 중 하나라고 생각한다. 너희들은 가슴 속에 불덩이를 키워야 한다. 그 불덩이가 너희의 재능을 더 크게 키운다. 내가 그 불덩이를 발화시키는 불씨를 놓아주고 싶다. 그 불씨를 얼마나 크게 키우느냐는 너희의 몫이다."

내가 이렇게 독려하면 선수들은 단호하고 자신만만한 표정을 지으며 답했다.

"야, 아쿠 비사(Ya, aku bisa! / 네, 할 수 있습니다!)"

경기에 대한 집요함과 게을리하지 않는 노력. 이것이 내가 선수들에게 요구한 조건의 전부였다. 다행히 선수들은 나의 말을 잘 따라주었고 폭풍 성장했다. 선수들은 내가 감독으로서 자신들과 이루고 싶은 꿈과 열정에 감동했고, 그것은 곧 무한한 신뢰로 이어졌다.

나는 스타 선수들이 그라운드의 룰을 깨고 마음대로 행동하는 경우 가차 없이 퇴출시키면서 팀을 정비해 나갔다. 그러면서 선수들의 사기를 어떻게 끌어올릴 수 있을지 고민했다. 기존 낡은 제도와 정신을 완전히 바꿔가면서 선수들에게 긴장감을 심어주며 목표를 전달했다. 우선은 성취할 수 있을 만한 작은 목표부터 시작했다.

근성이라는 것은 마른하늘에서 뚝 떨어지는 것이 아니다. 뚜렷한 목표가 있어야 근성이 생긴다. 국가 대표 선수가 되겠다는 목표, 아시안컵에서 우승해 보겠다는 목표, 최우수 선수로 뽑히겠다는 목표, 월드컵 무대에 서보겠다는 목표…. 이렇게 구체적이고 뚜렷한 목표가 있어야 그것을 성취하기 위해 노력하는 근성이 생긴다. 이건 운동선수에게만 해당되는 이야기가 아니다. 하루하루 주어진 일에 성실하고 충실하게 임하면서 소박한 삶을 지향하는 사람들도 있지만, 자신이 좋아하는 분야에서 무언가 성취해 보겠다는 원대한 꿈이 있다면 선명한 목표를 세워야 한다. 어디까지 가는지 알아야 그곳까지 가는 방법을 모색할 수 있고, 그래야 그 과정에서 지치거나 포기하지 않기 때문이다.

이기는 즐거움

목표는 크게 잡았지만 인도네시아 선수들은 기초부터 다져야 했기 때문에 작은 목표를 하나씩 정복해 나가면서 목표가 확장될 수 있도록 유도했다. 선수들에게 '이기는 즐거움'을 가르쳐준 것이다. 우선 친선 경기처럼 부담 없는 경기에서 이기는 것부터 목표로 삼았다. 그래서 처음에는 경희대, 성남, 부산과 친선 경기를 주선했다. 물론 경기 내용은 처참했다. 초등학생과 고등학생이 축구하는 것처럼 보였다. 경기가 시작되면 선수들은 어디에 서 있어야 하는지도 몰라 우왕좌왕하고 우물쭈물했다.

하지만 나는 꾸준히 다양한 팀과 친선 경기를 붙였고 선수들도 경험이 쌓이면서 조금씩 달라지기 시작했다. 처음에는 선수들에게 승패에 연연하지 말라고 했다. 사실 나는 지는 것이 어쩌면 이 선수들에게 더 큰 성장의 계기가 된다고 생각했다. 몇 번을 지든 경기 결과에 대해서는 말하지 않고, 경기 내용에 대해 분석하고 서로 의논했고, 선수들에게 꾸준히 체력 훈련을 시켰다. 그렇게 경기 경험이 쌓이고 체력이 좋아지니 이제 선수들이 볼을 쫓아다니기 시작했다. 자기가 어디에 서 있어야 하는지도 알게 됐고, 그러다 보니 경기도 활기가 넘쳤다. 그러면서 우리 팀도 경기에서 한 번, 두 번 이기기 시작했다.

08

★★★

나를 믿어라!
우리는 결승까지 간다

나는 항상 꿈은 크게 가져야 한다고 말한다. 굉장히 식상한 말 같지만 그것만큼 중요한 것이 없다. 우리 팀의 목표가 8강이라고 해보자. 그럼 8강까지만 가는 노력을 하게 된다. 그리고 8강에 가면 그 결과에 만족한다. 하지만 시즌 우승을 목표로 잡았다면 그 목표를 보고 계속 달린다. 얼마만큼 노력해야 하는지 알 수 없지만 우승을 하려면 어마어마한 노력을 해야 한다는 걸 알기 때문이다. 만약 우리 팀이 객관적으로 우승할 만한 실력이 아니더라도 나는 선수들에게 우리의 목표는 우승이라고 호언한다. 그러면 우승할 만큼의 노력을 한다.

꿈은 원대하게 가져라

"우리 꿈은 월드컵 진출이다. 꿈은 원대하게 가져라. 이루어지지 않더라도 무조건 크게 꿈을 꾸고, 꿈을 꾸었으면 무조건 크게 말해야 한다. 속으로만 간직한 꿈은 실현 가능성이 낮아진다. 입 밖으로 뱉어야 현실성이 생기고, 그 말에 책임지고 싶어서 더 노력하게 된다. 너희들 자신을 믿고 감독을 믿어라! 우리는 결승까지 간다!"

인터뷰 때는 물론이고, 선수들에게도 이렇게 말했더니 "진짜요? 우리가 할 수 있을까요?"라고 반문했다. 나는 기세 당당했다. "우리는 결승까지 간다! 나를 믿어라!" 이 말은 나를 감독으로서 움직이는 원동력이자 내가 선수들을 믿고 함께 원팀으로 나아가기 위한 미션이기도 했다.

나는 우리 선수들을 믿는다. 왜? 우리가 가야 할 방향이 뚜렷하게 보이고 선수들이 훈련과 연습을 통해서 실력이 업그레이드 되면 충분히 우리는 우승할 수 있기 때문이다. 목표는 작은 것부터 시작하지만 그것은 단계일 뿐이다. 우리의 최종 목표는 결승까지 간다! 무조건!

하면 된다!

'성취감'은 말로 표현할 수 없는 쾌감을 준다. 한번 맛보면 그 짜릿한 기분에 중독될 수밖에 없다. 작은 성취가 모이면 선수들은 자신의 실력에 자신감과 믿음을 갖게 되고, 자연스럽게 '하면 된다' 하는 정신력으로 무장한다. 한 경기에서 이길 때마다 관객들의 환호와 응원 소리가 커지면 선수들은 신이 나게 되어 있다.

실패 경험이 많은 사람과 성공 경험이 많은 사람은 자신의 미래에 대한 인식에서부터 차이가 생긴다. '이렇게 한다고 내가 되겠어?'라며 미리 자포자기하는 사람과 '되든 안 되든 우선 해보자'라며 용기 있게 덤비는 사람 중 누가 더 목표를 성취할 확률이 높을까? 나는 그런 승리의 즐거움, 성취의 기쁨을 선수들에게 가르쳐주고 싶었다.

실제로 작은 경기에서 몇 번 이기는 경험이 쌓이자 선수들도 점점 흥이 오르기 시작했다. 승리에 대한 즐거움을 알기 시작했고, 놀랄 만큼 자신감이 올라갔다. 그러자 지금보다 더 잘하고 싶다는 의욕을 보이면서 자발적으로 연습하는 등 훈련 태도도 변하기 시작했다. 선수들은 진짜 선수로 성장하기 시작했다.

이것은 기적이 아니다

감독으로서 가장 기쁠 때는 그렇게 선수들의 마음과 내 마음이 이어지는 순간이다. 그 결과가 바로 2007년 아시안컵 조별리그 11위에 오른 이후 17년 만에 본선에 올라 2023 아시안컵 16강, 2024 U-23 아시안컵 4강 진출, 2026 월드컵 최종 예선 진출이라는 성과로 나타났다.

인도네시아 축구 역사상 최초와 최고를 갈아치운 이 기록들은 작은 목표를 세우고 이 목표를 도장 깨기 하듯 하나하나 밟고 다음 단계로 나아간 나와 선수들의 땀이 만들어낸 결과였다. 나와 인도네시아 대표팀이 이룬 이 기록들은 기적이 아니다. 목표를 향해 달려나가는 노력이 쌓이고 쌓여 만든 땀의 기록이다. 내가 꿈꾸고 만들고 싶은 원팀은 이제 시작이었다. '신태용 매직'의 시작!

2장

최악의 상황에서도
최고를 만드는 원팀

01

★★★

선수: 가능성 있는 최고 선수들을 기용하다

　기본적으로 선수를 선발하기 위해서 감독들은 정말 많은 선수들을 살펴본다. 좋은 선수가 있다는 소문을 듣거나 눈에 띄는 선수가 있으면 그 선수가 뛴 모든 경기를 찾아보고, 그것으로 부족하면 경기장을 직접 찾아가서 직관하기도 하고, 선발전을 치르기도 하면서 그 선수의 자질을 평가한다.

　사실 나 정도의 경력이 쌓이면 선수를 볼 때 이 선수가 될 선수인지 아닌지에 대해 판단하는 데 그렇게 오래 걸리지 않는다. 조금 과장해서 말하자면 볼 차는 것만 봐도 좋은 선수로 성장할 수 있을지 없을지가 보인다. 1초만 봐도 안다. 직감이라고 해야 할까, 연륜이라고 해야 할까? 아마 두 가지가 총체적으로 작용할 텐데, 나는 그런 나만의 직감을 믿는다. 그동안 내가 본 선수들에 대한 데이터가 체계적으로 머릿속에 정리되어 있고, 그것이 선수들을 볼 때 직관적으로 작동하기 때문에 좋은 선수를 어떻게 알아보냐고 물어본다면 말이나 글로 정리하기가 사실 어렵다.

가능성 있는 선수를 찾아라

    그럼에도 좋은 선수에 대해 정의를 내려달라고 한다면, 나는 선수로서의 가능성이 보이는 선수가 좋은 선수라고 말한다. 지금은 기량이 눈에 띄지 않아도 2~3년 후에는 성장할 가능성이 있는 선수가 좋은 선수다. 우리가 지금 알고 있는 세계적인 선수들도 처음부터 완성형은 아니었다. 그들도 부족한 게 한 가지씩 다 있었다. 좋은 선수가 되려면 체력이든 기술이든 천부적 감각이든 승부욕이든 월등한 것이 한 가지만 있어도 된다. 지도자의 역할은 모든 면에서 완벽한 완성형 선수를 뽑는 게 아니라 가능성이 있는 선수를 다듬어주는 것이다.

    좋은 팀이 되기 위한 선제 조건은 무엇보다 좋은 선수를 영입하는 것이다. 그 팀의 파이팅이 아무리 뛰어나고 선수 개개인의 열정이 넘쳐난다 해도 경기력이 낙제 수준이면 존재할 이유가 없다. 그런데 경기력 좋다는 게 화려한 기술 축구를 구사한다는 뜻은 아니다. 그보다 더 중요한 것이 기본기다. 체력을 바탕으로 축구 경기 전반을 볼 줄 아는 눈이 더 중요하다. 나는 선수들에게 항상 이렇게 말한다.

"미리 보고, 생각하고, 그러고 나서 움직여라. 생각하는 경기를 하란 말이야. 공만 보면 안 된다. 고개가 가장 많이 돌아가는 선수가 메시다. 옆 선수를 보고 경기 전체를 볼 줄 알아야 한다. 생각하는 축구를 해야 좋은 선수다."

기본에 충실하고 눈과 발을 부지런히 움직이는 선수. 그게 내가 선수들에게 주문처럼 하는 말이다. 자기 공 찰 생각만 해서는 좋은 선수가 될 수 없다. 나는 선수들에게 기술을 뽐내는 축구를 하면 안 된다고 단호하게 말한다. 축구는 혼자서 하는 스포츠가 아니기 때문이다.

전향적인 세대교체

이런 원칙과 철학은 인도네시아 국가 대표팀 선수를 뽑는 데도 적용됐다. 인도네시아 축구 대표팀 감독으로 취임한

2020년은 코로나19 팬데믹으로 전 세계가 꽁꽁 얼어붙었던 터라 A대표팀은 경기를 할 수 없었다. 그래서 인도네시아 연령별 대표 선수들에 집중했는데, 가장 먼저 단행한 조치가 세대교체였다.

"대표팀을 어린 선수들로 대폭 물갈이를 할 겁니다. 지금이 세대교체 적기예요."

내 결정에 인도네시아축구협회장도 화답했다.

"우리는 장기적인 성장을 꿈꾸며 신 감독님을 모셨습니다. 그러니 전권을 드립니다."

2020년 1월, U-20 월드컵 대회를 준비하기 위해 처음으로 선수들을 소집했다. 인도네시아축구협회가 추천해 준 선수 80명을 소집해서 5일간 경기를 하면서 선수를 선발했다. 20명씩 나눠서 경기를 시켰는데, 깜짝 놀랐다. 생각보다 너무 잘했기 때문이다. 특히 볼을 터치하는 감각과 기술적인 부분이 매우 좋았다.

그런데 그랬던 선수들이 20분이 지나자 완전히 다른 선수가 되었다. 운동장을 걸어 다니면서 경기를 하고 있었다. 체력이 완전히 소진된 것이다. 체력 훈련이 시급하다는 생각이 들었다. 기술과 감각이 좋지 않은 선수를 빠른 시일 내에 끌어올리기는 어렵지만, 체력은 단시간에 끌어올릴 수 있다. 30명 정도를 선발해 태국 치앙마이로 전지훈련을 가서 정교하게 계획한 체력 훈련에 매진했다. 처음에는 선수들이 정말 힘들어했는데, 열흘 정도 지나니 슬슬 힘이 붙는 게 보였다.

내친김에 그곳에서 경희대와 첫 연습 경기를 했다. 경기 결과는 엉망이었다. 결과뿐 아니라 경기력도 안 좋았다. 그런데 열흘 뒤에는 인도네시아팀이 이겼다. 변화되는 게 느껴졌다. 코칭 스태프를 믿고 따라와주니 확실히 체력이 붙고 실력도 향상되는 걸 체감할 수 있었다.

파격적인 혼혈 선수 영입

A대표팀을 구성할 때도 무조건 세대교체를 해야 한다고 생각했다. 1년에 걸쳐 기존 선수 중 1~2명만 남기고 선수들을 모두 새로 영입했다. 인도네시아에서는 나이 많은 사람을 우대하는 문화가 있어서 베테랑 선수들은 특별한 노력 없이 대표팀에서 버티고 있었다. 그러다 보니 팀에 활력이 없고, 베테랑 선수들은 팀을 위해 희생하는 플레이를 하지 않았다. 그들을 방출하고 새로운 얼굴을 발탁하기 시작했다. 나는 특히 혼혈인 선수에 주목했다. 인도네시아는 오랫동안 네덜란드의 식

민지였기 때문에 네덜란드 혼혈 인구 비중이 꽤 높다. 그러다 보니 축구선수 중에도 인도네시아계 네덜란드 선수가 꽤 있다. 실제로 2010년대 네덜란드 축구의 황금기를 이끌었던 로빈 판 페르시, 히오바니 판 브롱크호르스트, 욘 헤이팅아 등이 모두 인도네시아계 네덜란드인이다.

내가 혼혈인 선수 영입에 심혈을 기울인 이유는 뛰어난 피지컬 때문이었다. 유럽계 선수들의 큰 키와 탄탄한 체격, 이를 바탕으로 한 체력은 대표팀을 체력적으로는 물론 경기 중 불가결한 몸싸움에서도 밀리지 않는 단단한 팀으로 만들어줄 것이 분명했다. 어떤 사람들은 혼혈 선수들은 인도네시아 국가대표로서의 정체성이 없지 않을까 걱정하기도 했지만, 혼혈인 선수들은 반쪽의 정체성을 분명히 인식하고 있었다.

인도네시아계 네덜란드 선수를 위시한 해외교포 2~3세 선수들을 끌어오는 내 프로젝트는 차질 없이 진행됐고, 이 귀화 선수들은 인도네시아 대표팀에 무리 없이 적응했다. 사실은 귀화 선수들을 영입하기 전에는 로컬 선수들이 경기를 쉽게 포기하는 경향이 있었다. 그런데 혼혈인 선수 중에 유럽에서 뛰는 선수들은 경쟁 속에서 생존한 이들이었기 때문에 경기에 대한 집요함과 끈기가 있었다. 의욕도 넘쳤다. 그런 친구들을 옆에서 보면서 같이 뛰니까 로컬 선수들도 자극을 많이 받았다. 그러면서 팀의 경기력이 상당히 좋아졌다.

귀화 선수들의 맹활약과 로컬 선수들의 경기력 향상으로 대표팀은 2022 AFF 챔피언십 준결승 진출, 2023 AFC 카타르 아시안컵 본선 진출 등 지속적인 성과를 거뒀고, 이런 경기력 상승은 혼혈 선수들이 인도네시아로 대거 합류하게 되는 계기가 되었다. 울버햄튼 원더러스 소속인 저스틴 허브너, FC 위트레흐트 유망주 이바르 제너, RKC 발베이크의 로테이션급 공격수 라파엘 스트라위크 등 나이 어린 혼혈 선수들이 인도네시아 대표팀에 합류했다. 뿐만 아니라 유럽 빅리그 주전급 선수들도 인도네시아 대표팀에 속속 합류하면서 무려 12명의 귀화 선수가 국가 대표팀에 포함되기도 했다.

인도네시아 대표팀 평균 연령, 20세

대대적인 선수 물갈이, 파격적인 혼혈 선수 영입 등 혁신적인 결정은 뒷말도 많이 남겼다. "그게 무슨 인도네시아 축구 대표팀이냐 용병 대표팀이지." 같은 비아냥부터 "잘하고 있는 선수를 왜 자르냐? 제정신인가?"라는 욕설까지 저항도 심했다.

하지만 나는 내 선택을 믿었다. 미래를 보고 선수에 투자해야 승산이 있다고 보았기 때문이다. 다행히 인도네시아축구협회와 협회장은 나를 믿고 적극적인 지지를 보내주었고, 협회의 막대한 지원은 대표팀 사기를 끌어올렸다. 새로운 팀이 구성되면서 국가 대표도, 연령별 대표팀도 좋은 성적을 보였다.

내가 발굴해서 대표 선수로 키운 인도네시아 로컬 선수들도 참 많다. 그중 인도네시아 축구의 최고 스타이자 유망주 마르셀리노 페르디난은 눈여겨보고 있다가 열일곱 살 때 축구 국가 대표팀에 불러 열여덟 살에 성인 대표팀 선수로 키운 선수다. 인도네시아 역사상 두 번째로 어린 나이에 국가 대표 데뷔전을 갖기도 했다. 아스나위도 내가 직접 K리그에 소개해 준 애제자다. 체력과 기량을 겸비해서 K리그에서 성공할 수 있다고 생각해서 안산 그리너스에 적극 추천해 주었다. 아스나위는 내가 부임했을 때 직접 뽑았고 대표팀에도 발탁한 선수다. 이렇게 발굴한 선수들이 에기 마울라나 비크리, 위탄 술라에만, 프라타마 아르한 등으로 이들은 현재 인도네시아 대표팀의 주축이자 아시아 최상위 리그와 유럽 중위권 1부, 상위권 하부 리그 팀에서 활약하고 있다.

이 선수들이 대표팀에 합류하면서 인도네시아 대표팀 평균 연령은 20세로 낮아졌다. 이 선수들이 한 경기 한 경기 치르면서 실력을 키워 A대표팀으로 넘어갔고, 덩달아 A대표팀도 자연스럽게 물갈이가 됐다. 재능 넘치고 '헝그리 정신'을 가진 어린 선수들은 팀에 활기를 불어넣고 팀의 색깔을 역동적으로 바꾸어놓았다.

선수에 끌려다니지 않는다

축구라는 것이 내가 없으면 안 될 거 같지만 없어도 다 돌아간다. 국방부 시계도 돌아가듯이 말이다. 감독이 이 선수는 중요한 선수이니 어쩔 수 없다며 봐주기 시작하는 순간부터 다른 걸 못한다. 거기에 끌려다니기 때문이다. 이 선수 없으면 안 될 것 같다는 미련을 갖지 말아야 한다. 그러면 그 팀은 조직이 없어지고 팀이 없어지고 망가져버린다.

나는 거짓말하는 놈은 싹을 다 없애버렸다. 최고의 선수든, 팬이 많은 선수든, 집안이 좋은 선수든 상관하지 않고 기본이 안 된 선수들은 과감히 퇴출시켰다.

단언컨대 인성이 나쁜 놈들은 발전하지 못한다. 이건 내가 축구 인생을 살아오면서 경험한 사실이다. 축구는 공동체 운동이다. 선수 한 명이 아무리 뛰어나도 그 선수만으로는 승리할 수 없다.

  인성이 좋은 선수들은 공동체에 적응하면서 팀에 기여할 줄 안다. 그런데 나만 잘났다고 하는 놈들은 절대 오래가지 못한다.

해야 할 일은 과감하게

  우리가 하는 일은 모두 다 사람이 하는 일이다. 사람을 얻지 못하면 결과도 얻지 못한다. 지지부진하게 지속되던 관행을 깨는 일, 그리고 그 조직 안에 새바람을 불어넣는 일은 쉽지 않다. 혼자서는 할 수 없는 일이다. 그 모든 우려와 역경을 과감하게 뚫고 나가는 힘이 있어야 성과가 도출된다. 안주하는 순간 발전은 없다. 나를 바라보는 의심의 눈초리, '이렇게 시도했다가 망해 버리면 어쩌나?' 하는 내 안의 두려움, '과연 이게 될까?' 하는 스스로에 대한 의심은 버려야 한다. 혁신은 어렵고 개혁은 지난하다. 관성의 법칙을 거스르는 게 얼마나 어려운가. 그런 관성을 거스르는 힘, 과감하게 칼을 드는 용기야말로 감독이 가져야 할 역량이다.

02
★★★

팀워크:
원팀을 만들다

"야, 왜 너희들은 옆 사람을 안 보냐? 볼만 쳐다보지 말란 말이야! 볼만 잘 찬다고 좋은 선수가 아니야! 경기를 볼 줄 알아야지. 내 옆 선수, 그 옆에 선 선수, 달려오는 선수, 전방에 있는 선수, 후방에 있는 선수 다 볼 줄 알아야 한다고! 이건 개인 경기가 아니고 팀 경기다. 보고, 생각하고, 그러고 나서 달리란 말이야!"

내가 목청이 터져라 선수들에게 하는 말이다.

"생각하는 경기를 하라. 머리 쓰는 선수가 돼라."

선수들 중에는 경기에 집중하지 않고 자꾸 관중석을 보면서 쇼를 보여주려 하거나 자기 기량을 뽐내려는 선수들이 있다.

그런 선수를 볼 때마다 화가 많이 난다. 팀 스포츠는 아무리 뛰어난 선수가 있어도 동료가 받쳐주고 끌어주지 않으면 소용이 없다. 중요한 건 팀워크이고, 그 팀이 얼마나 유기적으로 움직이느냐에 승패가 달려 있다.

그런데 경기를 하다 보면 자기 볼만 보고 경기하는 선수, 자기 발끝만 보고 경기하는 선수들이 꼭 있다. 이런 선수는 아무리 기량이 뛰어나도 팀에 도움이 안 된다. 기량은 조금 떨어지더라도 쉴 새 없이 상대 선수를 보고, 경기를 전체적으로 볼 줄 알고, 부지런히 뛰어다니면서 기회를 만들고 팀에 활기를 불어넣는 선수가 팀에는 가장 필요하다. 그런 팀이 강팀이 되는 것이다.

축구선수도 공부해야 한다

내가 선수들에게 공부하라고 잔소리하는 이유도 여기에 있다. 공부라는 게 국영수를 잘하라는 뜻이 아니다. 두뇌도 쓰면 쓸수록 좋아진다고 나는 믿는다. 생각할 줄 아는 힘, 생각에 깊이를 주는 힘을 배우는 것이 공부다.

나는 1992년 영남대학교를 졸업한 뒤 현역으로 활동하던

2000년에 용인대학교 대학원에서 석사 학위를 받았다. 스포츠 마케팅과 관련된 논문으로 석사 학위를 취득했는데, 그 바쁜 선수 시절에도 공부에 뜻을 품은 건 은퇴 뒤에 도움이 될 것이라고 생각했기 때문이다. 처음에는 은퇴 후 교수를 하고 싶다는 생각에서 시작했는데, 공부를 하다 보니 부족함을 많이 느껴서 2005년 경기대학교 대학원에서 체육학 박사 과정을 시작했다. 물론 경기장에서 돈으로 살 수 없는 경험을 많이 하지만 항상 체계적으로 지식을 정리하고 이론을 세우고 싶다는 생각을 해왔다. 남들은 석사 학위 딴 것도 대단한데 왜 박사 학위까지 따려 하느냐고 의아해하기도 했지만, 교수에 대한 꿈도 있고 이왕 공부한 거 박사까지 하고 싶다는 욕심이 생겨서 주저하지 않고 박사 학위에 도전했다.

박사 과정은 일찌감치 수료했지만 학위를 따는 데까지는 시간이 많이 걸렸다. 무려 11년이 걸렸다. 경기대학교 대학원 역사상 최장 기록이라고 한다. 논문을 써야 학위를 받는데 도저히 시간이 나지 않아서 논문 쓸 엄두를 내지 못했다. 사실 학위는 포기하고, 박사 과정을 수료한 걸로 끝낼까 하는 생각도 있었지만 기왕에 시작했는데 마무리를 짓는 게 나중에라도 후회하지 않을 것 같아 시간을 쪼개고 쪼개서 논문을 썼다.

예전부터 스포츠 심리학에 관심이 많았던 나는 선수 시절부터 감독의 지도 방식이 팀 분위기와 선수들 체력에 굉장히 큰 영향을 끼친다는 생각을 해왔다. 그래서 박사 논문은 코칭 스타일에 따른 선수와 팀의 영향력을 주제로 잡았다. 〈프로축구 선수들이 지각한 코칭 스타일, 코치-선수 관계, 팀 효능감, 운동탈진의 관계 모형 검증〉이 내 박사학위 논문의 제목이다. 틈틈히 시간을 내서 조금씩 준비해 놓았다가 리우 올림픽이 끝나고 나서 마무리할 수 있었다. 공부를 하고 나니 이론도 지도자 생활에 큰 도움이 된다는 걸 느꼈다. 현장 경험이 더 중요하다고 말하는 사람들이 많지만, 이론이 뒷받침되지 않으면 체계성이 떨어진다. 논문을 쓰면서 그동안의 지도 방식도 돌아볼 수 있었고, 현장에서 배운 감이나 경험으로 알고 있던 지도 방식을 체계적으로 정리할 수 있었다.

'공부'란 한 가지로 규정할 수 없다. 내가 선수들에게 공부를 하라고 권유하는 건 나처럼 석사 학위를 따고, 박사가 되라는 뜻이 아니다. 기본 정규 과정은 마무리했으면 좋겠다는 의미다. 선수는 운동장에서 축구만 하는 존재가 아니라 사회생활도 해야 하고 은퇴 후에는 축구 아닌 다른 길을 찾을 수도 있기 때문이다. 기본적인 소양이 있어야 단체 생활도 잘 할 수 있고, 굉장히 다양한 기회를 얻을 수 있다. 운동한다고 중학교 때부터 학교생활을 하는 둥 마는 둥 하는 선수들이 많은데, 몸이 힘들고 시간은 없더라도 최선을 다해서 성실히 학교생활을 하는 게 선수 생활에 도움이 된다는 걸 강조하고 싶다.

전체 경기를 볼 줄 아는 축구선수

나는 선수들에게 영악하고 똑똑하게 경기하라는 말을 자주 한다. 선수 시절 내 별명이 '그라운드의 여우'였는데, 그때부터 나는 내 공보다 전체 경기를 보려고 했다. 넓은 시야를 갖고 똑똑하게 경기하는 선수라는 평가를 받을 수 있었던 건 내가 아닌 팀을 먼저 생각했기 때문이다. 만약 내가 경기 운영보다 득점 찬스를 더 많이 노렸다면 해마다 도움 기록을 갱신할 수 없었을 것이다.

경기 전체를 조망할 줄 알게 되면 어떤 선수에게 볼을 줘야 하는지, 어떤 순간이 결정적인 득점 찬스인지 다 보인다. 탄탄한 기본기 위에 경기를 볼 줄 아는 눈. 내가 어린 선수들에게 입히고 싶었던 능력도 바로 이런 것이었다.

이렇게 경기를 볼 줄 알게 되면 팀워크가 살아날 수밖에 없다. 나는 한 명의 위대한 선수가 있는 팀보다 열한 명의 단합력이 강한 팀이 더 좋은 팀이라고 믿는다. 그래서 선수들 간의 커뮤니케이션에 그토록 신경을 쓰는 것이다. 더구나 인도네시아 대표팀은 혼혈 선수들도 많기 때문에 그들과 인도네시아 로컬 선수들 간에 융합이 잘 안 되면 팀 전체가 무너져 내릴 수 있는 조건이었다. 그래서 경기할 때는 항상 서로에게 이야기를 하고 파이팅도 외치라고 강조한 것이다.

"경기장 안에서 계속 고함쳐라. 볼이 간다 안 간다, 누가 돌았다 어디로 갔다, 내가 어디로 보낸다, 이런 얘기를 계속 해야 한다. 내 생각을 옆 사람은 몰라. 말하지 않아도 아는 건 세상에 없다. 코칭 스태프와 선수 하나하나가 모두 함께 경기를 운영한다고 생각하는 것, 그게 강한 팀이 되는 길이야."

03

★ ★ ★

원칙:
감독과 선수의 역할은 분명하게

"대체 저 선수를 왜 선출한 거야?"

"아직 실력이 검증되지도 않았는데 너무 실험적인 거 아니야?"

"저 선수를 방출하다니 감독이 정말 미쳤군."

어떤 선수를 선발하고 기용하느냐는 감독이 가진 가장 중요한 권한이다. 하지만 축구는 팬들과 함께 만들어가는 것이기 때문에 선수 선출 및 기용 문제를 두고 말이 나올 수밖에 없다. 그래서 나는 한국 대표팀에 있을 때도 마찬가지였고, 인도네시아에서도 기자회견에서 이런 설명을 적극적으로 했다. 양

넘을 치거나 오프더레코드를 부탁하거나 하는 일 없이 기자들에게 진솔하게 이야기했다. 그 선수를 왜 뽑았는지, 앞으로 이 선수는 어떻게 쓸 것인지 선수 기용에 대한 이야기도 적극적으로 설명했다.

특히 인도네시아 선수들은 어린 선수들이 많기 때문에 신태용 축구에 대해서 잘 모르는 선수들이 많았다. 따라서 지금 당장은 선수로서 기량이 부족하더라도 훈련을 통해 신태용 축구를 각인시켜주면 성장 가능성이 무궁무진한 선수는 반드시 품고 간다고 이야기했다. 어떤 사람들은 "지금 리그에서 이 선수가 저 선수보다 훨씬 잘하는데 왜 이 선수를 뽑았는가?"라고 구체적으로 불만을 토로하기도 했다. 그럴 때도 나는 물러서지 않고 내 선발 기준을 자세히 설명했다.

"맞습니다. 지금은 저 선수가 훨씬 좋은 기록을 내고 있죠. 하지만 그 선수는 국내용입니다. 나이가 많고 외국 팀과 상대할 때 멘털이 약한 측면이 있어요. 그래서 대표팀에는 적당하지 않다고 판단했습니다. 실력이 없어서가 아니에요."

이런 과정을 여러 번 거치면서 축구팬들과 축구 관계자들도 더 이상 왈가왈부하지 않았다.

감독과 선수는 서로 다른 역할

감독과 선수의 역할은 분명히 다르다. 그 지점을 명확히 구분하고 서로의 역할에 충실해야 팀이 잘 운영된다. 내가 아무리 선수들과 허물없이 지낸다 해도 피치 안에서까지 위계가 무너지면 안 된다. 물론 선수들의 마음과 요구 사항을 명확히 파악하고 이해하고 있는 것은 너무나 중요하다. 그게 감독과 선수 간 신뢰를 쌓는 가장 중요한 원칙이다. 위압적이고 강압적인 독재자 스타일의 감독은 시대와 맞지 않는다.

선수들은 기본적으로 감독을 어려워한다. 특히 인도네시아 선수들은 더 그랬을 것이다. 실력 차이가 월등한 다른 나라에서 온 감독, 말이 통하지 않는 감독. 내가 선수들이 느꼈을 법한 그런 이질감을 부수고 그들에게 가까이 다가설 수 있었던 이유는 선수 출신 감독이라는 이력이 작용했을 것이다. 선수 시절 오랫동안 주장을 하면서 선수들의 입장을 코칭 스태프에게 전달하는 중간자 역할을 했다. 그러다 보니 선수들의 마음을 누구보다 빨리 읽었다. 선수들의 불만과 요구 사항을 정확히 듣고 이해해야 선수와 코칭 스태프 간에 오해가 생기지 않고 서로가 원하는 바를 정확히 관철시킬 수 있기 때문이다. 그런 중간자 역할을 오래한 덕분에 감독이 되어서도 선수들 입장을 헤아려보는 것이 습관이 되었다. 흔히 '공감 능력'이라고 말하는 이 자질은 리더에게 굉장히 중요하다. 공감만 하고 있어도 안 되고 그 공감을 통해 선수들이 원하는 것, 선수들이 요구하는 것을 들어주는 실행력도 뒤따라야 한다.

선수의 장점을 부각하는 공감 리더십

피치 안에서는 내가 왕이지만, 피치 밖에서는 선수들이 왕이라고 생각한다. 그렇게 하면 경기장 안에서 있었던 감정적 문제도 다 풀린다. 내가 선수들을 그저 축구하는 기계로 보는 것이 아니라 하나의 귀중한 인격체로 대한다는 걸 그들도 느끼기 때문에, 내가 경기장에서 혼을 내고 강하게 압박해도 감정을 다치지 않고 받아들이게 되는 것이다. 물론 아무리 경기장이라도 선수들을 인격적으로 모욕하거나 비난해서는 안 된다. 내가 경기하는 선수들에게 절대 욕을 하지 않는 이유이기도 하다.

선수들에게 쓰는 말투와 억양도 신경 써야 한다. '친밀할수록 더 조심해야 한다'는 말이 있듯이, 아무리 친하고 내가 아무리 나이가 더 많아도 선수들의 감정과 자존심을 생각해야 한다. 물론 운동장 밖에서는 그렇다는 말이다. 선수들마다 성격이나 성향이 다 다르기 때문에 똑같은 태도로 대하면 누군가는 반드시 상처를 받고 감정이 상하기 마련이다. 어떻게 좀 더 편안하게 내 말을 받아들일 수 있을지 한번쯤 더 생각하고 말하는 습관을 들여야 한다. 이건 선수들의 눈치를 보는 것이 아니라 인간 대 인간으로서의 관계를 다지기 위해서 취하는 배려의 마음이다. 서로에게 예의를 지키는 것은 인간관계의 기본이니까 말이다.

선수들의 단점을 지적하기보다 장점을 부각하면서 선수들을 독려하는 방식도 매우 중요하다. 비판보다는 독려를 통해 동기를 부여해야 한다. 단점을 없애는 것보다 강점을 부각하는 방식이 훨씬 더 좋은 효과를 빠르게 가져온다. 선수들은 누구나 단점을 가지고 있다. 신체 조건이 단점일 수도 있고 기술적인 측면에서 부족한 점이 있을 수도 있다. 그걸 스스로 받아들여야 한다. 훈련을 해서 좋아지고 나아지는 지점도 분명 있지만 아무리 연습해도 한계가 있는 능력도 분명히 있다. 다만 그런 단점으로 인한 실수를 줄이고 강점을 더 크게 키워서 단점이 발현되는 순간을 차단하는 것이 전략적으로 중요하다.

선수들을 훈련시킬 때나 전술을 짤 때도 그 선수의 강점이 무엇인가에 주목해야 한다.

스스로 경기를 풀어낼 줄 아는 선수

아무리 좋은 전술이라고 해도 선수들에게 주입식으로 강요하면 효과가 없다는 것도 잊지 말아야 한다. 내가 선수 생활을 하던 시절은 스파르타식 훈련이 불문율처럼 내려오던 때였다. 무섭게 다그치고 감정을 자극하는 방식으로 선수를 채찍질했다. 하지만 이제 그런 식의 지도 방식으로는 선수를 성장시키지 못한다. 스스로 경기를 운영할 줄 아는 선수로 성장시키는 게 궁극적인 목표가 되어야 한다.

부분 전술을 로봇처럼 따라할 수 있게 훈련시키면 그것밖에 할 줄 모른다. 경기는 매우 즉흥적이고 유동적인, 마치 살아 있는 생명체 같은 것이어서 기계적으로 흘러가지 않는다. 예상을 할 수 없다는 뜻이다. 뜻하지 않게 부상을 당할 수도 있고, 수비 선수가 갑자기 치고 올라올 수도 있으며, 누군가 퇴장을 당할 수도 있다. 아무리 좋은 전술을 짜서 몸에 익힌다 해도 상대 선수가 우리 팀 전술이나 선수 움직임을 간파하고 길목을 막아버릴 수도 있다. 그럴 때 바보처럼 멍하니 서서 오늘 경기는 망했다고 패배감에 젖어 있을 것인가. 주입식 교육으로 반복 훈련만 했던 선수는 그렇게 예상치 못한 상황이 왔을 때 당황해서 똥볼만 차다가 나온다.

그런 의외의 상황이 와도 경기가 어떤 흐름으로 흘러가고 있는지 재빨리 파악하고 내가 어떻게 움직여야 기회를 만들어낼 수 있는지 생각할 수 있는 힘을 키워야 한다. 축구는 작전 타임이 없는 종목이기 때문에 자신의 아이디어로 경기를 풀어낼 줄 알아야 하는 것이다. 그런 선수가 결국 이긴다.

04

★ ★ ★

리더십:
밀당 리더십으로 다가서다

"동남아시아 최약체라고 평가받던 인도네시아팀의 역량을 이렇게까지 끌어올린 감독님만의 비결은 뭔가요?"

"신태용식 리더십이라는 말이 많이 나오는데, 선수들을 어떻게 지도하시나요?"

인도네시아 축구 대표팀이 놀라운 성과를 이뤄내자 언론사 기자들을 비롯해 많은 사람들이 내게 물었다.

서번트 리더십(Servant Leadership)이 각광받는다는 말을 들었다. 카리스마로 선수들 위에 군림하는 수직적 리더십이 아니라 구성원을 돕고 섬기는 수평적 리더십을 가리키는 말이라고 한다. 나는 경기장 안에서는 카리스마로, 경기장 밖에서는 친근한 동네 형님으로 선수들에게 다가가려 노력한다. 훈련을 하거나 경기를 치를 때는 형님이 필요 없다. 전술을 정확하게 지시하고 지시 사항을 못 따르는 선수는 제때에 자극해서 그가 가진 기량을 최대한 끌어내는 날카롭고 정확한 눈을 가진 감독만 필요하다. 하지만 경기가 끝났을 때나 훈련을 하지 않을 때, 선수들이 휴식 시간을 가질 때도 그런 감독일 필요는 없다. 그때 나는 그저 인간 신태용일 뿐이다. 선수를 조일 때는 조이고 풀어줄 때는 풀어주는, 선수와의 줄다리기를 잘해야 좋은 감독이다. 연애할 때만 밀고 당기기가 중요한 게 아니다.

밀당의 고수

성남 일화에서 선수 생활을 할 때 박종환 감독님이 우리를 이끌어주셨는데, 지도 방식이 엄격하고 무섭기로 유명했다. 하지만 박종환 감독님은 선수들과 이른바 밀당을 매우 잘하셨다. 언제 선수를 조이고 언제 풀어줘야 하는지 잘 알고 있었고, 그래서 선수들이 감독님을 따르고 존경했다. 지도자에게는 그런 관리 능력이 굉장히 중요하다. 마냥 조이는 것도 안 되고 무조건 풀어주는 것도 안 된다. 선수를 언제 압박하고 언제 격려해야 하는지 잘 판단해야 한다. 그런 리더십은 박종환 감독님을 통해 많이 배웠다.

　나는 경기장 밖에서는 감독이라는 타이틀을 내려놓고 선수들과 인간적인 관계를 쌓으려고 했다. 선수들과 장난치면서 몸으로 놀기도 하고, 선수들 발에 붕대를 감아주기도 하고 선수들과 셀피도 자주 찍는다. 내가 먼저 다가가 친구처럼, 형처럼 대하다 보니 선수들도 점점 나를 친근하게 대했다. 나를 수영장이나 침대에 내동댕이치기도 했고 아이들처럼 몸싸움을 걸어오기도 했다.

　격식과 형식을 파괴하지 않으면 요즘 젊은 세대와 어울릴 수 없다. 어울린다는 건 그들의 마음을 이해한다는 뜻이다. 20대, 30대 젊은 세대의 생각과 성향을 이해하지 않으면 군림하는 지도자가 될 수밖에 없다. 내가 가지고 있는 권위의식을 내려놓고 그들 편에 서서 이해하고 생각해 보는 것, 그게 바로 서번트 리더십의 핵심이 아닐까?

　나는 그것이 열린 리더십이고 친근한 리더십이며 MZ 세대와 함께 가는 지도자가 가져야 할 리더십의 본질이라고 생각한다.

명확한 규칙의 선은 넘지 않기

그렇다고 해서 젊은 세대의 눈치를 보고 비위를 맞추라는 말은 아니다. 그들의 생각을 존중하면서도 100퍼센트 타협해서는 안 된다는 게 내 생각이다. 해달라는 거 다 해주면 단체 생활을 잘 해낼 수 없다. 젊은 선수들이 뭘 하면 좋아하고 뭘 잘할 수 있는지 유심히 살펴보고, 감독이 포기해야 할 점이 있으면 포기해야 한다. 하지만 선수들이 원한다고 다 들어주면 안 된다. 아무리 선수와 감독 간의 관계가 좋아야 한다지만 안 되는 건 안 된다고 정확하게 선을 그어야 한다. 스포츠에는 기본 룰이 있다. 그걸 무너뜨리면서까지 선수들에게 맞춰주는 건 소탐대실의 결과만 가져올 뿐이다. 꼰대라고 욕을 먹더라도 허용할 수 없는 것, 안 되는 것은 명확히 규칙을 정해 놓고 일관성 있게 적용해야 한다.

신뢰를 이끌어내는 힘

우리나라는 위계질서가 분명하고 윗사람에게는 순종하고 복종하는 문화가 보편적이다. 물론 이런 문화가 효율적일 때도 있다. 내가 선수로 뛰던 시절에도 이런 문화가 만연했다. 감독은 하늘이어서 속된 말로 그림자도 밟으면 안 되는 사람이었다. 하지만 시대가 변했고 정서도 달라졌다. 그런 시대 변화를 예민하게 감지하지 못하고 옛 방식을 고수하면 선수에게도 감독에게도 불행이다. 내가 개인 SNS에 올린 짧은 영상을 본 많은 사람들은 고개를 갸우뚱하며 묻는다.

"선수들이 감독을 너무 친구처럼 대하는 거 아니야?"

"그래도 감독과 선수 사이인데 어느 정도 위계는 있어야 할 것 같은데."

"감독하고 툭툭 장난치고 어깨동무 하고 진짜 세상 많이 변했네."

나는 그런 반응을 보이는 사람들을 만나면 왠지 쾌감이 느껴진다. 전통적인 선수와 감독 간의 관계를 허물었다는 것에 대한 기분 좋은 해방감이 느껴진달까?

내가 선수들과 허물없이 장난치고 농담할 수 있었던 것은 서로에 대한 깊은 신뢰와 존중이 바탕이 되어 있기 때문이다.

선수들도 인터뷰에서 늘 그렇게 이야기했다. 경기장에서 신태용은 아버지 같은 존재라고. 2023 아시안컵 마지막 16강 티켓을 인도네시아가 가져왔을 때, 선수들은 가장 먼저 나를 찾았다. 환호성을 지르며 나를 침대에 내동댕이치고 내 위에 탑을 쌓으면서 선수들은 마음껏 기쁨을 누렸다. 그러면서 나에게 "땡큐, 땡큐"를 연발하며 고마움을 전했다. 그런 순간이 오면 가슴이 뭉클하다. 이 선수들이 나를 진심으로 존경하고 나를 믿고 있구나 하는 생각에 마음이 찡하다. 감독과 선수는 그런 관계여야 한다. 내가 인간적으로 편한 사람이어야 선수들이 자신의 고민과 속마음을 털어놓는다. 그리고 그런 건강한 관계가 결국에는 경기력으로 연결된다.

물론 처음에는 선수들도 내가 친근하게 다가갈 때 쭈뼛거리면서 어색해했다. 하지만 같이 춤추고 노래 부르고, 특히 경기에서 이겼을 때 서로 부둥켜안고 기쁨을 나누다 보면 '우린 원 팀이다. 우린 하나다'라는 느낌이 가슴 깊은 곳에서부터 올라온다. 먼저 벽을 허물고 그들과 진심으로 가까워지려고 노력할 때 팀에 대한 자부심과 소속감, 동료와 감독과 스태프에 대한 신뢰와 애정이 형성되는 것이다. 그런 신뢰가 쌓이면 눈만 봐도 상대의 의도와 생각을 읽을 수 있게 된다. 선수를 언제 빼고 언제 교체해야 하는지도 그런 서로 간 무언의 소통으로 단박에 알 수 있게 된다.

상대의 마음을 얻고 싶으면 내 마음을 먼저 열어야 한다. 세상에서 가장 어려운 일이면서도 가장 쉬운 일이다. 계산적으로, 정치적으로 다가가는 것이 아니라 상대를 존중하고 인정하는 마음을 담아 다가간다면 누구든 벽을 허물어준다. 친절과 배려에도 수고가 필요하다. 저절로 되는 것은 아무것도 없다. 하나의 목표를 향해 달려나갈 때 가장 중요한 것은 서로에 대한 신뢰라는 것을 나는 수많은 선수들을 만나면서 몸소 깨달았다. 그 신뢰를 끌어내는 힘 또한 리더에게 있음을 잊지 않아야 한다.

새로운 리더십이 필요하다

서로가 서로에게 동기부여가 되는 관계, 서로가 서로에게 자극을 주고받는 관계가 바람직한 관계가 아닐까? 도무지 선수들의 마음을 헤아릴 수 없는 상황이 오면 선수로 뛰던 나의 20~30대 시절로 돌아가본다. 젊은 혈기로 똘똘 뭉쳐 있던 시절, 기성세대에 불만이 가득했던 그 시절로 돌아가서 감정을 이입해 본다.

'20대의 내가 지금 이 상황에 처해 있다면 나는 어떤 생각을 했을까? 어떤 행동을 취했을까?'

그러면 마법처럼 답이 보인다. 상황은 달라도 젊은 세대가

기성세대에게 바라는 것, 그들을 바라보는 시선은 크게 달라지지 않았으니 말이다.

나는 호랑이 감독님 밑에서 뛰었지만, 그런 감독으로 기억되고 싶지는 않다. 경기장에서는 엄했지만, 경기장 밖에서는 한없이 따뜻했던 감독으로, 선수 입장을 누구보다 잘 이해하고 대변해 주는 감독으로 기억되고 싶다.

05

★★★

멘털력:
승리 멘털을 심어라

　선수들에게는 자신감이 중요하다. 자신감은 자신의 실력에 대한 확신과 자기 자신에 대한 믿음에서 온다. 내가 선수들에게 자주하는 말 중의 하나가 "너는 할 수 있어. 이것만 고치면 돼"이다. 그 선수가 가진 강점을 자꾸 얘기해 주고 그것을 경기에서 적용할 수 있게 도와주고 단점을 보완할 수 있도록 격려하는 것. 그것이 선수의 능력을 한 단계 더 끌어올리는 촉진제다.

　단점을 부각시키며 지속적으로 지적하는 건 선수들이 성장하는 데 도움이 안 된다. 그렇게 하면 선수들이 그 단점을 보완하고 실수를 줄일 수 있을 것 같겠지만 절대 그렇지 않다.

주눅 든 태도로 감독이 무서워서, 혼날까 봐 겁을 내며 훈련에 임하는 선수들이 자신의 잠재력을 끌어낼 수 있겠는가.

호주에서 배운 "오, 굿 아이디어!"

사람들이 말하는 신태용식 형님 리더십의 출발은 호주에서 활동할 때 배운 것이다. 2004년 은퇴를 하고 향한 곳이 퀸즐랜드 로어 FC였다. 2004년 창설한 호주 A리그에서 2005년부터 활동했으니 나는 구단 출범부터 함께했다. 사실 호주로 갈 때 조건이 굉장히 좋았던 것은 아니었다. 연봉도 성남에서 받았던 것에 비하면 3분의 1 수준이었고, 아이들도 아직 어렸다. 하지만 돈이 중요한 때는 아니라고 생각했다. 시야를 넓힐 수 있는 기회라고 여겼고, 아이들도 호주를 경험해 보면 좋을 것 같아 과감하게 호주행을 선택했다.

나는 호주 축구에서 많은 것을 배웠다. 한번은 이런 일이 있었다. 왼쪽 풀백이 오른쪽으로 공을 보낸다고 왼발로 킥을 했는데 아웃사이드에 잘못 맞고 아웃된 적이 있었다. 그런데 그 모습을 보고 코칭 스태프들이 박수를 치면서 "오, 굿 아이디어!"라며 환호를 보내는 게 아닌가. 어이없는 광경을 보며 나는 속으로 혀를 찼다.

'저런 똥볼 차는 선수한테 잘했다고 박수를 치네. 어휴, 저러니까 우리나라보다 축구를 못하지. 우리나라에서 선수가 저런 똥볼을 찼다간 감독한테도 팬들한테도 가루가 되도록 욕을 먹을 텐데.'

처음에는 그런 볼을 차는 선수나, 그런 볼이 좋은 아이디어라며 박수 치는 스태프나 한심하다고 생각했다. 기본도 안 된 선수를 칭찬하다니 축구를 몰라도 너무 모른다고 생각했다. 그런데 그게 아니었다. 똥볼을 차고도 박수를 받았던 그 선수는 놀랍게도 나날이 실력이 향상됐다. 스태프들에게는 똥볼 자체가 문제가 아니라 누구에게 공을 차려고 했고, 의도가 뭐였는지가 중요했던 것이다.

선수들은 이런 시행착오와 과감한 시도들을 거치면서 <u>스스로 자신의 장단점을 찾아갔고</u>, 그 과정에서 코칭 스태프는 선수를 적극적으로 격려하고 응원했다. 그런 긍정적인 반응을 받은 선수는 눈에 띄게 실력이 향상되었고, 창의적인 축구를 하는 선수로 성장해 나갔다. 이 상황들이 내게는 놀라운 경험이었다.

자율성과 안정감이 보장된 오픈 마인드

　호주 축구팀의 놀라운 점은 여기에서 끝나지 않았다. 그들은 선수들의 개인 시간을 최대한 보장해 주었다. 훈련이 끝나면 모두 집으로 돌아가 가족들과 시간을 보냈고 여유롭게 휴식을 취할 수도 있었다. 우리나라는 리그가 시작되면 개인 생활이나 생활 습관을 최대한 절제해야 한다. 물론 운동선수라면 어느 정도 절제된 생활도 필요하지만 가끔 너무 억압적이다 보니 답답할 때도 많았다. 그에 비해 호주 선수들은 매우 자유롭게 시간을 보냈다. 어떻게 보면 너무 여유롭고 해이한 것 아닌가 하는 생각이 들 정도였다.

　이렇게 자유로운 선수 관리는 선수들이 정신적으로 안정감을 갖는 데 무척 도움이 되는 것 같았다. 억압보다는 자유를 주고, 결과보다 과정과 내용을 보고 선수의 강점을 부각시켜주고, 자유롭게 소통하면서 선수 스스로가 생각하는 축구를 할 수 있도록 계기를 만들어주는 것. 그것이 호주 축구의 특징이었다. 지도자와 선수가 동등한 위치에서 함께 전술을 짜고, 선수들이 지도자에게 일방적으로 지도를 받는 것이 아니라 함께 연구하고 고민하면서 팀을 만들어나가고, 감독에게 혼이

나거나 일방적으로 지시받는 일도 없는 방식. 스파르타식 축구에 익숙하던 나에게 이런 호주의 시스템은 문화 충격에 가까웠다. '이렇게 해도 운동을 할 수 있구나' 하는 깨달음을 얻은 것이다. 그때 머리가 깨이는 것 같았다.

눈앞의 승부에만 연연해하지 않는 여유

'지도자와 선수 사이에 이런 관계도 가능하구나. 동등한 관계에서도 얼마든지 좋은 축구를 보여줄 수 있는 거였어.'

이렇게 호주에서 신태용식 형님 리더십이 시작된 것이다. 3년간의 호주 생활은 지도자 신태용의 시각도 넓혀주었다. 예전에는 오로지 승부에만 집착하고 축구 하나만 보고 내달렸는데 마음이 여유로워지면서 쫓기는 삶을 살지 않게 되었다. 그리고 그런 가치관의 변화는 지도자 생활을 하는 내내 큰 도움이 되었다.

감독은 늘 초조하고 승패와 순위에 쫓기면서 살아갈 수밖에 없다. 한 번의 경기로 모든 것을 평가받고 늘 혹독한 시선 앞에 서야 한다. 그러다 보니 항상 긴장하고 승부에 집착하는 경향이 있다. 하지만 호주에서의 삶은 내게 한 템포 쉬어가는 삶의 가치를 알려주었다. 바로 눈앞의 일에 일희일비하지 않고 조금 더 긴 안목으로 멀리 내다볼 수 있는 시각을 주었다. 그래서인지 호주에서 돌아왔을 때 예전에 비해 여유롭고 온화해졌다는 말을 참 많이 들었다. 그때의 재충전이 나의 지도자 생활의 근간이 되어주었다고 해도 과장이 아니다.

축구라는 게임을 즐겨라

하지만 스포츠는 결국 승부의 세계다. 이기고 지는 것이 명확하다. 축구 경기는 이기기 위해서 하는 것이지 처음부터 지기 위해서 하는 경기는 절대 없다. 상대가 강팀일지언정 무승부를 전제로 하는 경기는 없다. 그렇기에 나는 항상 이기는 게임을 한다.

그래서 선수들에게도 크게 생각하고 대담하게 행동하라고 말한다. '우리는 승리한다!'라는 원팀의 에너지가 모이면 이기지 못할 것이 없다. 뒤로 물러서지 말고 앞으로 나가서 공격하라고 끊임없이 말하는 이유도 정신 무장을 위해서이다. 수비가 밑으로 내려앉거나 밀리는 건 두렵기 때문이다. 그럴수록 나는 소리친다. "공격해, 공격해!" 그게 게임의 재미라고 생각한다. 이기든 지든 한번 붙어보는 것, 이길 수 있게 전략과 전술을 모두 동원하는 것. 그것이 우리가 축구를 하는 이유이다.

힘을 줄 때와 뺄 때를 안다는 것

나는 큰일 앞에서는 놀라거나 화나는 등 감정이 별로 동요하지 않는 편이다. 작은 일에는 버럭 화가 나기도 하지만 왠지 모르게 큰일은 그 상황이나 결과를 담담하게 받아들이는 편이다. 이런 마인드를 갖게 된 것도 호주에서의 경험이 바탕이 된 것 같다.

사실 호주로 갔을 때 '호주 드림'은 없었다. 5월에 입단해서 리그가 9월경 시작했는데, 아쉽게도 두 경기 뛰고 은퇴를 해야 했다. 발목 부상이 재발했기 때문이었다. 그해 9월 은퇴를 결심하면서 다이내믹하고 화려했던 내 선수 생활은 막을 내렸다. 더욱이 두 경기만 치르고 은퇴를 해야 하다 보니 연봉을 돌려줘야 하는 상황이 되었다. 그때 구단에서 코치직을 제안했다. 계획에 없던 일이었지만 마다할 이유도 없었다. 그래서 연봉의 반을 돌려주고 집과 차량을 제공받는 조건으로 코치직을 수락했다. 나는 워낙 새로운 도전에 주저함이 없고 겁도 없기 때문에 호주에서 생활하는 데 두려움이나 걱정은 없었다.

그렇게 몇 개월이 흐른 뒤 나를 데려왔던 감독이 그만두고 새로운 감독이 임용되었다. 그런데 백인 우월주의가 있던 감독이어서 그런지, 동양인인 나를 사람 취급도 하지 않았다. 내 파트를 다 없애버리고 거들떠보지도 않았다. 코치로서 할 수 있는 일이 아무것도 없었다. 그렇다고 괴롭거나 고통스럽진 않았다. 오랫동안 선수로 생활하며 지쳐 있었던 터라 호주에서의 여유 있는 생활이 너무 즐거웠기 때문이다.

그즈음 모교인 영남대학교에서 감독직 제안도 있었지만 가고 싶지 않았다. 왜냐고? 더 놀고 싶었기 때문이다. 오랜만에 맛보는 여유로움을 좀 더 누리고 싶었다. 하루 종일 가족들과 붙어 있는 것도 너무 좋았다. 그동안 바쁘게 지낸 터라 아이들과 함께 지내는 시간이 부족했는데 호주에서는 매일매일 아이들 얼굴을 보며 지낼 수 있어서 좋았다. 한 인간으로 행복하다는 게 이런 건가 싶은 시간이었다.

삶이 온유해졌다. 승부에만 집착하며 쫓기며 살던 내 모습에서 점점 부드러워지고 여유로진 것이다. 조급해하지도 않고 전전긍긍하지도 않게 되었다.

이런 경험들이, 경기장 안에서는 치열하고 냉정한 감독이지만, 경기를 하지 않는 시간에는 잘 놀고 친근한 신태용을 만들어 주었다. 힘을 줄 때와 뺄 때를 알아야 멘털이 한쪽으로 흔들리지 않고 균형을 잡아나갈 수 있다. 승부에만 집착하면 부러지기 쉽다. 좌우로 유연하게 구부러질 줄 아는 멘털을 만들어야 한다.

06

★★★

최고가 되기 위한
신태용의 3가지 원칙

나는 먼저 인생의 길을 걸어온 선배로서, 친구이자 동료로서 누군가의 길을 밝혀줄 수 있다면, 기꺼이 나의 이야기를 들려주고 싶다는 마음으로 이 책을 쓰게 되었다. 그중 누군가 나에게 "성공하려면 어떻게 해야 할까요?"라고 묻는다면 나는 딱 3가지만 실천해 보라고 권하고 싶다.

첫째, 꿈은 높게 구체적으로 가져라

먼저 '꿈은 높게 구체적으로 가져야 한다.' 그래야 거기까지

가기 위해서 노력한다. 우승이라는 꿈을 갖고 도전하는 것과 8강까지를 최종 목표로 두고 가는 것은 너무나 다르다. 노력의 강도가 다르다. 되든 되지 않든 결과가 어떻게 되든 상관하지 않고 그 과정속에서 온 힘을 쏟게 된다. 그러면 목표를 이루지 못하더라도 그 시간은 쓸모 있는 시간이 된다. 성과가 없어 보이더라도 내가 애쓰고 노력했던 시간은 절대 헛되지 않는다. 선수 개인과 팀의 발전으로 돌아온다. 그래서 나는 항상 이렇게 말한다.

"꿈은 높게 구체적으로 가져라. 좋은 선수가 되고 싶다는 식의 두루뭉술한 꿈은 절대 이루지 못한다. 좋은 선수가 어떤 선수인가? 말할 수 있는가? 그런 희미한 목표보다 '올림픽에 진출하는 축구선수가 되고 싶다', '국기를 달고 월드컵에 나가서 뛰는 선수가 되고 싶다'와 같이 구체적이고 높은 꿈이 있어야 한다."

크고 원대한 꿈을 가졌으면 그 꿈을 입 밖으로 내뱉어야 한다. 많은 사람들이 듣도록 내뱉으면 내가 어떻게든 거기까지 가기 위해 노력한다.

나는 인도네시아 대표팀 감독일 때도 선수들에게, 그리고 팬들에게도 항상 말했다.

"월드컵 예선전에서 1위나 2위를 하고 싶다."

이렇게 말할 때마다 사람들은 비웃었다.

"미쳤나 봐. 인도네시아팀을 데리고 예선전 1위? 말이 돼?"

"신태용 또 설레발치네. 항상 저렇게 아무 말이나 하더라?"

"FIFA 랭킹 133위가 1위? 하하하, 제정신이 아니야."

물론 객관적인 전력으로 1, 2위는 허황된 꿈일 수 있다. 그런 비난을 감수하면서도 그 꿈을 공개적으로 말했던 건 선수들과 나 스스로를 자극하기 위해서였다. 그 목표를 상기하면서 훈련하고 경기하면 나중에 1, 2위 할 수 있는 실력을 갖추게 된다.

꿈이 작으면 작은 만큼만 뛴다. 주위 사람들이 아무리 비웃고 아무도 그 꿈을 믿어주지 않아도 큰 꿈을 꾸어야 그만큼 오래 뛴다. 자기 자신을 믿고 도전해야 무엇이라도 손에 쥐게 된다는 걸 잊지 말아야 한다.

둘째, 초심을 잃지 마라

두 번째 원칙은 '초심을 잃지 말자'는 것이다. 내 휴대전화 첫 화면에 써 있는 말이다. 사람은 한결같아야 한다. 자리가 사람을 바꾸더라도 스스로를 다잡으면서 처음 그 마음을 잊어버리면 안 된다. 의식적으로 노력해야 한다. 사람들이 월드컵 감독이다, 국가 대표 감독이다, 이렇게 추켜세우고 떠받들어도 나는 축구를 처음 시작했을 때의 마음을 잊지 않으려 애썼다.

서른 살에 만났던 친구들은 지금도 나에게 이렇게 말한다. 너는 왜 옛날이랑 똑같냐고, 왜 하나도 안 변했냐고. 나는 이런 마음가짐이 정말 중요하다고 생각한다. 겸손하게 경거망동하지 말아야 한다. 내 위치가 변하고 자리가 달라지더라도 절대 잊어서는 안 된다.

셋째, 항상 생각하고 행동하라

세 번째 법칙은 '항상 생각하고 행동하라'는 것이다. 내가 지금 무엇을 하고 있는지, 어떻게 해야 하는지 항상 생각해야 한다. 남이 이끄는 대로 끌려다니면 안 된다. 수동적인 삶이 아닌 능동적인 삶을 살아야 한다. 선수들은 감독의 요구 사항을 파악할 줄 알아야 하고, 감독은 선수들이 무엇을 원하는지 생각해야 한다. 그래야 팀에 대해, 경기에 대해 의논하거나 어떤 일을 진행할 때 더 나은 결과를 도출할 수 있다.

이 3가지가 지금의 신태용을 만든 비법이라고 할 수 있다. 지금도 나 역시 실천해나가고 있는 딱 3가지!

3장

골목대장에서
K리그 레전드,
그리고 감독으로

01
★★★

축구화의 끈을 묶다

'아무리 좋은 선수여도 지도자로 성공하기는 힘들다'는 속설이 있다. 지도자는 축구 하나만 잘한다고 해서 성공할 수 있는 자리가 아니기 때문이다. 경기를 보는 눈과 직관력, 뛰어난 전술 구사, 리더십 등 지도자가 갖추어야 할 역량은 수없이 많다.

그럼에도 나는 오랫동안 축구를 해본 선수가 훌륭한 지도자로 성공하는 데 큰 장점을 갖고 있다고 생각한다. 선수 시절에 어떤 축구를 구사했고, 어떤 축구 철학을 갖고 있느냐에 따라 다른 길을 걷겠지만 기본적으로 경기장에서 볼을 다뤄보고 상대편 선수와 직접 몸으로 부딪히고 머리싸움을 해본 경험은 그렇지 않은 지도자에 비해 훨씬 더 넓은 시야를 갖게 도와준다.

원클럽 원멤버

선수 시절, 나의 축구 고향은 성남 일화였다. 성남 일화를 빼고서 나를 설명할 수는 없다. 1992년 프로축구 데뷔 때부터 나는 오로지 성남 일화 한 팀에서만 13년을 뛰었다. 프로 데뷔 후 신인상을 거머쥐었고, 프로에 데뷔한 해부터 시작해서 1996년까지 베스트11에 뽑혔다. 박종환 감독님 밑에서 1993년부터 1995년까지, 차경복 감독님 밑에서 2001년부터 2003년까지 K리그 3년 연속 우승 두 차례, 총 여섯 번의 우승을 달성했고, 두 번의 MVP 수상, K리그 최초로 60-60클럽 가입 (2024년 기준 통산 기록 102골, 69도움) 등 기록에 기록을 보태면서 승승장구했다. 팬들은 나를 'K리그의 레전드'라며 추켜세웠다.

영해초등학교 축구부

화려한 선수 생활을 했으니 어렸을 때부터 전국적으로 이름을 날렸다고 생각하는 사람들도 있지만, 나의 축구 입문은 소박했다. 경북 영덕에서 태어난 나는 동네 아이들과 축구하는 걸 좋아하는 골목대장이었다. 그때부터 아이들을 몰고 다니면서 선두에 서는 리더였다. 아버지와 형이 축구를 좋아해서 일곱 살 때부터 축구와 인연을 맺었는데, 특히 축구를 좋아했던 아버지는 내가 축구공을 찰 때마다 굉장히 기뻐하셨다.

축구뿐만 아니라 탁구도 좋아하고 달리기도 잘했다. 그러다 담임 선생님이 달리기 하는 내 모습을 보고는 축구를 해보라고 권유하셨다. 내가 초등학교에 다닐 때는 가을운동회가 굉장히 큰 동네 행사였는데, 운동회가 열렸다 하면 100미터, 200미터, 400미터 계주, 1,000미터 계주, 넓이뛰기 이런 종목에 나가서 1등 아니면 2등을 했다. 그때는 1등을 하면 공책 3권, 2등을 하면 공책 2권을 상품으로 줬는데 하도 운동을 잘하니 운동회만 열리면 공책을 10권, 15권을 한아름 안고 집에 돌아오곤 했다. 이렇게 또래보다 운동신경이 뛰어나다 보니 담임 선생님께서 유심히 보다가 축구를 해보라고 권유한 것이다. 초등학교 3학년 때의 일이었다.

정식으로 축구부에 들어가니 3학년은 나뿐이고 다 고학년이었다. 그런데도 스트라이커를 담당했고, 축구 영재라는 소리를 들으며 주목을 받았다. 그때는 축구가 얼마나 재밌고 좋았는지 축구를 하지 않는 날에도 축구화를 신고 다녔고, 옷도 축구부 단체복만 입었다. 아버지도 그런 나를 보면서 굉장히 흐뭇해하셨고, 없는 살림이었는데도 나를 전폭적으로 지원해 주셨다. 그렇게 날개를 달고 축구부에서 맹활약을 했다. 그때도 주장을 맡았는데, 같이 배우는 입장인데도 또래 아이들을 리드하면서 전술도 짜고 이렇게 저렇게 해보자고 적극적으로 의견을 내기도 했다. 심지어는 동기들한테 기합을 주기도 했다. 지금 생각하면 어처구니없지만 실력이 좋고 주장이어서 그랬는지 동기들도 내 말을 잘 따라주었다.

초등학교를 졸업하고 중학교에 진학하면서 조금 더 나은 환경에서 축구를 하려고 세 번이나 전학을 갔고, 결국 축구 특기자가 아닌 일반 학생으로 대구공고에 입학했다. 이때 U-17 청소년 대표팀에 선발됐다. 대구공고에서 대표팀 선수가 배출된 건 아주 보기 힘든 일이어서 많은 축하를 받았던 기억이 난다. 그때는 얼마나 재빠르고 날쌨는지 100미터를 12초 8에 뛰었다. 스피드도 좋고 순간 포착도 잘해서 유망주라고 손꼽히곤

했다. 그때부터 내 별명이 '꾀돌이'였다. 당시에는 공을 차면서 운동장을 누비는 게 너무 재미있었다. 신이 나고 살아 있다는 기분이 들었다. 젊은 혈기와 무엇이든 배우면 스펀지처럼 쭉쭉 빨아들이기까지 해서, 그때를 돌아보면 발이 땅에 닿지 않았다는 느낌이 들 정도다. 그러니 경기 결과도 굉장히 좋았다. 골 감각도 최상이어서 미드필더였지만 골도 자주 넣었다. 세계 대회에서 두각을 나타내면서 큰 주목을 받았고, 그러다 보니 더욱 신이 났다. 대구공고에 첫 우승컵을 선사하기도 했으니 정말 안 되는 일이 없던 시기였다.

프로 진출

고등학교를 졸업하고는 곧바로 영남대학교에 진학해서 연령별 대표팀에 선발됐다. 1992년에는 바르셀로나 올림픽 대표팀에도 승선했다. 대표팀에서 합숙하다가 휴가 나와서 대통령배 축구대회에 출전해 영남대에 창단 첫 우승컵을 안겨주기도 했다. 거칠 것이 없던 시기였다. 축구에 대한 열정, 실력, 그에 걸맞는 좋은 성적까지 고속도로를 타고 달리는 것처럼 느껴질 정도였다.

하지만 모든 일이 다 그렇게 계속해서 잘 풀리진 않았다. 그게 인생 아닌가. 프로에 데뷔하던 1992년에 한 매체에서 내가 포항제철 아톰즈로 갈 것이라는 보도가 나왔다. 나도 그런가 보다 했다. 그런데 갑자기 홍명보 선수가 드래프트를 신청했고, 포항은 당연히 홍명보 선수를 1순위로 지명했다. 그때 명보 형은 스타 중의 스타였으니 내가 구단주였어도 그런 선택을 했을 것 같긴 하다. 그 여파로 나는 부산으로 가야 했다. 그리고 부산에 픽업되자마자 트레이드 형식으로 일화 천마로 가게 되었다.

그래도 나름대로 화려한 길을 걸으며 프로까지 갔는데 밀리고 밀려서 원하지 않은 구단으로 간다니 너무 속이 상했다. 게다가 일화 천마의 박종환 감독님이 너무너무 무섭다는 소문이 많아서 더 가기 싫었다. 그 당시 박종환 감독님의 스파르타식 방식은 이미 소문이 자자했다. 그래서 입단이 확정된 뒤에도 거의 40일 동안 훈련 캠프에 합류하지 않았다. 겁이 없었던 건지 철이 없었던 건지 모르겠는데, 입단할 선수가 40일 동안 나타나질 않으니 구단에서도 더 이상 참지 못하고 임의 탈퇴를 시킨다는 둥 난리가 났다. 무서워진 나는 어머니까지 모시고 일화 천마의 훈련 캠프가 있었던 마산으로 향했다. 처음 만난 박 감독님께 나는 솔직하게 말했다.

"감독님이 너무 무서워서 축구 안 하고 싶습니다."

잔뜩 주눅 들어서 덜덜 떨면서 이야기하니까 박 감독님이 내가 안쓰러웠는지 그다음부터는 욕도 안 하고 잘 챙겨주셨다. 정말 나를 많이 예뻐해 주셨다.

사실 나는 운동선수로 살아오면서 감독님들한테 심한 욕을 듣거나 맞아본 적이 거의 없다.

"태용이는 우리가 하나를 가르치면 다음에 해야 할 걸 미리 생각해서 실행해. 그러니까 욕할 것도 없고 때릴 일도 없어."

감독님이나 코치님들한테 이런 이야기를 정말 많이 들었다. 머리 회전이 빨랐던 것 같다. 나는 개인 운동을 별로 좋아하는 편은 아닌데 훈련하다 어떤 부분이 안 되면 꼭 개인 운동으로 보충을 했다. 밤이든 낮이든 안 되는 부분, 부족한 부분은 악착같이 물고 늘어졌다. 감독님이나 코치님이 하나를 가르쳐주면 다음에 뭘 해야 하는지 예측하고, 준비하고, 미리 퍼포먼스를 보여주니까 선생님들이 믿고 좋아해 주셨다.

그 무섭다는 박종환 감독님도 나한테는 엄하지 않으셨다. 정말 많이 챙겨주셨고 믿어주셨기 때문에 입단 첫해에 9골 5도움을 기록할 수 있었다. 그러자 자신감이 붙으면서 날개 단 듯 훨훨 날았다. 그때는 정말 볼에 발만 갖다 대도 골로 연결

되는 느낌이었다. 5~6년 차 선배들도 무섭지 않을 정도로 펄펄 날았다. 돌아보면 1992년부터 1996년까지가 선수 생활에서 최고 전성기가 아니었나 싶다. 1995년에 MVP를 받았고, 1996년에 득점상을 받았으니 말이다. 두 번이나 연속 해트트릭(Hat-trick, 한 팀이 3년 또는 3번의 대회 연속으로 타이틀을 석권했을 때를 칭함)을 기록하는 등 절정의 골 감각을 뽐낸 것이 이 즈음이었다.

꾀돌이에서 영리한 축구선수로

선수 생활 중에 가장 기억에 남는 경기를 꼽으라면 역시 1995년 챔피언 결정전 2차전이다. 지금도 많은 축구팬들이 K리그 역사상 명승부 중 하나로 꼽는 경기인데 포항에 0 대 2로 지다가 후반전에 3 대 2로 역전시킨 드라마 같은 경기였다. 결국은 3 대 3으로 비겼지만 후반전에 투입돼서 2골 1도움을 하면서 활약을 펼쳤다. 사실 그때 허리를 다쳐서 1차전도 못 뛰었고, 2차전도 경기에 투입되리라고는 생각도 안 하고 그냥 따라갔다. 전반전을 0 대 2로 지니까 박 감독님께서 뛰어보겠냐고 물어보시는데 허리 다친 건 생각도 안 나고 뛰어야겠다는 의지가 타올랐다. 왠지 그때가 아니면 MVP를 못 받을 것 같은 생각도 들었다. 그래서 후반전에 투입되어 뛰었고 3골을 만들면서 3 대 2로 역전까지 하게 된 것이다.

1990년대에는 스트라이커로 활약했지만 2000년대에 들어오면서 미드필더에 비중을 두었다. 골을 넣는 것보다 도움을 주는 게 더 재미있게 느껴졌다. 아쉬운 건 도움왕을 못 해보고 은퇴했다는 점이다. 베스트11도 아홉 번이나 받고 득점상과 MVP도 받았고, 2003년에는 사상 최초로 60-60클럽에 가입하며 '기록의 사나이'라고 불리기도 했는데 도움왕은 차지하지 못했다.

100호 골은 필드골로!!

기록에 연연하는 편은 아니지만 지금도 아쉬운 기록이 있다면 100호 골을 넣지 못하고 은퇴했다는 점이다. 기록은 영원히 남는 것이기도 하고 팬들에게도 선물 같은 일인데 당시에는 무슨 자신감으로 그랬는지 팬들에게 100호 골은 반드시 필드골로 넣겠다고, 패널티킥(PK)은 안 차겠다고 호언장담을 했다. 그렇게 약속을 하고 정말 PK는 안 차고 김도훈 선수에게

양보했고, 그렇게 내 기록은 99골 68도움으로 끝이 났다. 그때는 팬들과의 약속이니 지켜야 한다고 생각했고 기록에 큰 의미가 없다고 여겼지만, 지나고 보니 영원히 남는 기록인데 100호 골을 꽉 채우고 은퇴할 걸 하는 아쉬움이 생기기도 했다. 물론 2004년에 K리그 기록 시스템 및 표기 방식 개선에 따라 K리그 통산 역대 네 번째 100호골 주인공이 되기는 했다. 지금도 내 기록에 대한 자부심은 있다. 선수 시절의 역사이기도 하고, 얼마나 열심히 뛰었는지에 대한 반증이기도 하니까 말이다.

지금 돌아봐도 나의 선수 생활은 굴곡 없이 탄탄한 편이었다. 1997년부터 1998년까지 발목 부상 때문에 고생하긴 했지만, 그다음 해부터는 내가 보여줄 수 있는 기량을 다 보여줬다.

그런 컨디션을 유지하기 위한 나만의 비법도 있었다. 고등학교 때부터 해왔던 습관인데 항상 메모장에 오늘 컨디션이 좋은지 나쁜지 기록해 놓고 그에 따라 몸을 관리했다. 가령 바이오리듬이 1일부터 10일까지는 안 좋고, 11일부터 20일까지는 좋고, 20일부터 30일까지 다시 또 떨어지기 시작하면 그에 따라 몸을 아꼈다. 항상 내 몸 상태를 메모해 놓고 위험을 계속 체크했다. '오늘은 컨디션이 안 좋아서 경기가 저조했다. 다음에는 체력관리와 컨디션을 개선해야 한다'는 식의 짧은 메모였는데 그 메모 습관이 몸을 관리하는 데 큰 도움이 됐다. 선수에게는 자제력과 절제력이 굉장히 중요하다. 자기 몸은 자기가 잘 알기 때문에 항상 컨디션에 유의해야 하고 면밀하게 신경 써야 한다.

나의 선수 생활은 화려했다. 구단의 적극적인 지원과 많은 스포트라이트를 받았고, 박수도 많이 받았다. 작은 어려움이나 좌절은 있었지만 큰 고난은 없었던 것 같다. 이렇게 K리그에서 수많은 기록을 세워가며 화려한 선수 생활을 했지만 그 이면에는 결핍도 있었다.

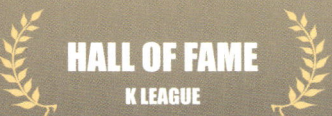

HALL OF FAME K LEAGUE | STARS ★

신 태 용
SHIN Tae-Yong

K리그 선수경력
1992~2004   일화/성남

K리그 기록
정규리그	296경기 76득점 49도움
리그컵	105경기 23득점 19도움
통산기록	401경기 99득점 68도움

(2024년 기준 405경기 102골, 69도움)

개인상 수상이력
M.V.P.	2회(1995, 2001)
영플레이어상	1회(1992)
최다득점상	1회(1996)
베스트일레븐	9회(1992, 1993, 1994, 1995, 1996, 2000, 2001, 2002, 2003)

02

★★★

월드컵 대표팀과는
인연이 없던 MVP

　그 결핍은 모든 축구선수의 꿈이라는 태극 마크를 달고 월드컵에 나간 적이 단 한 번도 없다는 점이다. 지금도 많은 사람들이 묻는다. 프로 선수로는 그렇게 잘나가던 신태용이 왜 국가 대표팀에서는 힘을 못 썼냐고. 맞는 말이다. 태극 마크를 달고서는 23경기에 출전해서 3골을 넣은 게 전부이니까 말이다.

축구 인생에서 가장 아쉬운 부분

국가 대표팀에서 변변한 활약을 보이지 못한 건 내 축구 인생 중 가장 아쉬운 부분이다. 주눅이 들었던 게 가장 큰 이유였다. 모든 일에 적극적이고 자신감 넘치던 나였지만, 국가 대표팀 안에서는 막내로서 본분을 지켜야 한다는 생각이 컸다. 내가 튀는 것보다 선배들에게 맞춰야 한다는 생각뿐이었다. 그래서 자신감 있게 마음껏 뛰지 못했다. 스스로 위축되다 보니 소극적인 경기를 펼치게 되고, 그러다 보니 좋은 경기를 할 수 없었던 것이다. 내가 가지고 있는 역량의 20~30퍼센트밖에 보여주지 못했다. 나와의 정신력 싸움에서 진 것이다. 그때 가장 많이 들었던 말이 "신태용은 대표팀 선수가 아니라 리그 선수다. 신태용은 국가 대표감은 아니다"였다. 지금 생각하면 내가 왜 그때는 소심하게 축구를 했을까, 프로팀에서 갖고 있었던 장점을 왜 발휘하지 못했을까 후회가 된다.

특히 월드컵 대표팀에 매번 탈락한 것은 큰 충격이었다. 1994년 미국 월드컵 대표팀에서 탈락했을 때는 축구를 그만둬야겠다는 생각으로 팀을 무단 이탈하기도 했다. 충격이 무척 컸다. 아무것도 하고 싶지 않았다. 2001년에 거스 히딩크 감독님이 왔을 때는 슬며시 기대를 하기도 했다. 외국인 감독이니까 선수를 선발할 때 최소한 학연이나 지연 같은 차별은 없을 거라는 생각이 들어서였다.

"네가 만약 ○○대학교 같은 명문대를 나왔다면 너도 월드컵 대표가 됐을 거야."

이렇게 말하는 사람도 있다 보니 정말 그런가 싶은 생각도 들었다. 하지만 역시 불발이었다. 당시에는 '도대체 왜?'라는 생각이 컸다. 나중에 생각해 보니 그때 히딩크 감독님이 신체조건을 많이 봤던 것 같다. 월드컵에서 뛰려면 체격이 큰 선수가 필요하고 그런 선수를 주축으로 팀을 꾸려야겠다고 생각했던 게 아닌가 싶다. 선수는 감독이 어떤 전술을 구상하고 있느냐에 따라 쓰임이 생기기 때문에 그때 히딩크 감독님이 월드컵 무대에서 구상하고 있던 전술과 내가 안 맞았던 것 같다.

그래도 당시에는 너무한다는 생각이 많이 들었다. '내가 체격면에서는 작은 축에 속하는 선수지만 그래도 난 기술이 있고 MVP인데 왜 나를 안 뽑는 거야.' 이런 건방진 생각을 했다.

하지만 감독이 생각하고 있는 축구와 선수들이 생각하는 축구는 다르다. 내가 지도자 생활을 하다 보니 그때 왜 히딩크 감독님이 나를 뽑지 않았는지 이해하게 됐다.

선수 발탁은 감독의 영역이다. 선수가 아무리 아쉽고 기분 나쁘고 이해가 안 되더라도 받아들일 수밖에 없다. 지금 내가 지도자가 되어 선수 발탁의 권한을 쥐고 있다 보니 감독이 보는 눈은 선수와는 다르다는 것을 알게 되었다. 자신이 추구하는 축구 전략에 따라 선수를 선발하는 것이니 상을 얼마나 받고, 얼마나 인기가 있고, 얼마나 실력이 있느냐와는 상관이 없다. 감독의 전략에 맞게 적재적소에 필요한 선수를 선발하다 보면 잘하는 선수도 낙오되기 마련이다. 내가 인도네시아 대표팀을 구성할 때 많은 사람들에게 비난을 받고 우려를 사면서도 내 뜻을 관철했던 것과 같은 맥락이다.

감독으로 자리매김하다

그렇게 월드컵 국가 대표라는 꿈을 접고 은퇴를 한 뒤 성남 일화의 감독으로 돌아오기까지는 그리 오래 걸리지 않았다. 호주에서 3년여 동안 코치로 활약한 나는 2009년에 성남 일화 감독대행으로 시작해 2010년 정식 감독으로 부임했다. 모든 언론매체에서 '파격 인사'라며 기사를 쏟아냈다. 한국 축구 사상 처음인 1970년대생 30대 감독, 코치로서도 국내 실업팀이

나 프로팀을 한 번도 지도한 경험이 없었으니 그럴 만도 했다. 프로팀은 물론, 실업팀, 대학팀 코치조차 해보지 않은 사람을 감독 자리에 앉힌다는 건 한국 축구계의 정서상 이해하기 어려웠던 게 사실이다.

하지만 나는 자신 있었다. 내가 13년간 몸담았던 고향 같은 성남 일화에서 지도자로서 새 삶을 시작한다는 게 뜻깊은 만큼 잘하고 싶었고, 잘할 수 있다고 생각했다. 내 의욕에 선수들이 호응한 덕분에 2009년 감독대행으로 지휘봉을 잡은 뒤 그해 팀을 정규리그, FA컵 준우승으로 이끌었고, 2010년 정식 감독으로 승격해 아시아축구연맹(AFC) 챔피언스리그 정상에 올랐다. 2011년에도 FA컵 정상을 차지했다. 그다음 해 지휘봉을 내려놓고 4년여 만에 성남 일화를 떠났지만 내 고향 성남 일화에서 지도자로 활동한 시간 동안 나는 정말 많은 것을 배웠고, 지도자로서 입지를 다졌다.

그때 경험했던 영광과 실패의 시간들이 후에 내가 가는 길목 길목마다 버티고 서서 쓰러지지 않게 나를 든든히 지지해주었다. 물론 그 뒤에도 오르는 순간과 내려오는 순간이 이어졌지만, 나는 늘 새롭게 도전했고, 선택한 일에 대해서는 단 한 순간도 후회하지 않았다.

03

★★★

국가 대표팀 코치와 올림픽 대표팀 감독을 한번에

    2012 런던 올림픽에서 우리나라 축구는 동메달을 땄다. 좋은 결과를 내고 귀국한 대표팀을 축하하는 자리가 신라호텔에서 열렸는데, 그때 나는 감독을 맡았던 홍명보 형을 보고 껄껄 웃으며 이렇게 말했다.

    "형이 이렇게 좋은 성적을 냈으니 다음 올림픽 감독은 너무 부담되겠는데요."

    그렇게 아무 생각 없이 내뱉은 말이 나에게로 돌아올 줄이야. 사실 2014 인천 아시안게임 때까지만 해도 올림픽 대표팀 감독은 이광종 감독님의 몫이었다. 그런데 이광종 감독님이 급성백혈병 진단을 받으면서 아쉽게 자리에서 물러났고,

그 자리를 내가 대신하게 된 것이다. 2015년 2월, 나는 A대표팀 코치직을 겸하는 조건으로 감독직을 받아들였다. 과거 A대표팀과 올림픽 대표팀 감독을 겸임한 사례(2000년 허정무, 2007년 핌 베어벡)는 있었지만 올림픽 대표팀 감독과 A대표팀 코치를 한 사람이 겸임하는 것은 한국 축구 역사상 처음 있는 일이었다.

2016 리우 올림픽을 향해

사실 감독직을 수락하기까지 고민이 정말 많았다. 올림픽이나 월드컵은 굉장히 큰 경기이기 때문에 팬들의 기대도 엄청나게 높다. 선수 개인은 물론이고 코칭 스태프의 일거수일투족까지 기사화될 정도다. 직전 올림픽에서 동메달이라는 높은 성적을 냈는데, 만약 2016 리우데자네이루 올림픽 진출에 실패한다면 그 비난은 온전히 나의 몫이 될 터였다. 그동안 내가 쌓아왔던 것이 한순간에 무너질 수도 있는 위태로운 선택. 그만큼 모두의 이목이 집중된 자리가 바로 올림픽 대표팀 감독이라는 자리였다.

'리우행 티켓을 따지 못하면 감독 인생은 여기서 끝나는 게 아닐까? 모든 비난을 한 몸에 받고 불명예스럽게 사퇴해야 할지도 몰라. 하지만…. 그래도 한번 해보자. 이런 기회는 쉽게 오지 않아.'

 리우 올림픽 본선이 1년도 채 남지 않은 상황에서 감독직을 수락하면서 이게 운명일 것이라고 생각했다. 리우 올림픽에서 좋은 성적을 내지 못한다면 분명 스스로도 엄청난 스트레스를 받겠지만 내가 감당할 몫이라고 생각했다. 선수들과 의기투합해서 잘 준비한다면 2012 런던 올림픽만큼 좋은 성적을 낼 수 있을 거라는 확신도 있었다.

 나에게는 리우 올림픽이 두 번째 올림픽 경험이었다. 1992년 바르셀로나 올림픽에서는 선수로 출전한 적이 있었다. 당시 성적은 3무로 조별리그 탈락이었지만, 그 경험이 리우 올림픽에서는 약이 될 거라 믿었다. 좀 더 자신감 있게, 적극적인 플레이를 한다면 승산이 있었다. 부담감은 컸지만 좋은 선례를 남겨야 한다는 의무감도 있었다. A대표팀이 중요한 경기를 할 때에는 A대표팀에 가서 코치의 역할을, 그렇지 않을 때에는 올림픽 대표팀에 집중한다면 두 마리 토끼를 다 잡을 수 있을 거라는 자신감도 있었다. 물론 생각처럼 쉬운 일은 아니었다.

골짜기 세대를 황금 세대로 만들다

리우 올림픽 대표팀을 처음 맡았을 때, 선발 선수들에 관해 '골짜기 세대', '희망이 없다'는 말을 많이 들었다. 스타 선수들이 즐비했던 2012 런던 올림픽 대표팀은 국가 대표에 버금가는 선수들이 반 이상이었다. 그와 달리 리우 올림픽 대표팀은 인지도가 떨어지는 선수들이 대부분이었다. 심지어 축구 천재를 앞세운 후배 세대와도 비교됐다. A대표팀에서 뛰고 있는 선수는 권창훈 선수 정도에 불과했고, 주전급의 상당수가 소속팀에서 제대로 출전 기회도 잡지 못하며 어려움을 겪었다. 선수 차출 난항과 훈련 시간 부족, 부상으로 인한 전력 누수 등 악재도 끊이지 않았다.

위기를 기회로 바꿀 용병술이 필요했다. 나는 올림픽 대표 선수 선발을 위해서 대학생과 가능성 있는 어린 선수들을 점검했다. 몇날 며칠 동안 한국에서 활동하는 23세 이하 선수들의 데이터를 뽑아 연구하기 시작했다. 마침내 우리나라에서 활약하는 선수 대부분을 머릿속에 꿰찼다. 그리고 와일드카드(3명까지 24세 이상 선수의 출전을 허용) 선수로 손흥민(만 24세), 장현수와 석현준(만 25세)처럼 상대적으로 어린 선수들을 뽑았

다. 이는 모두 팀 분위기까지 고려한 치밀한 전략이었다. 와일드카드를 뽑을 때 경험이 훨씬 많은 선수를 뽑을 수도 있었지만, 나는 조금 더 친형제 사이 같은 분위기의 팀을 만들고 싶었다. 노장 선수를 뽑으면 자칫 위계질서가 엄격해지고 선수단의 분위기가 경직될 수 있다는 점을 고려했다. 그리고 한 명의 스타에 의존하기보다는 탄탄한 조직력으로 무장해야 한다고 생각했다.

내 판단은 맞아들어갔다. 실제로 리우 올림픽에 출전한 대표팀의 분위기는 역대 어느 대표팀보다도 화기애애했다. 선후배 선수들끼리 짓궂은 농담도 스스럼없이 던질 정도였다. 나는 달갑지 않은 별칭으로 불리던 '골짜기 세대'가 '황금 세대'로 불리기 위한 도전을 시작하고 있었다. 골짜기를 넘어 8강 고지를 점령한 축구 대표팀은 이제 황금 세대로 도약할 준비가 되어 있었다.

공격 축구가 이기는 길

나는 경기에서 이기는 길은, 결국 공격 축구라고 생각했다. 물론 올림픽 같은 대회에서는 수비가 강해야 좋은 성적을 낼 수 있는 등 상대 팀 전술에 따라서 전략이 조금 달라질 수 있지만, 그건 실전에 대비하는 감독의 몫이고 팀의 기본 방향은 적극적인 공격 축구가 되어야 한다고 생각한다.

대표팀에 새로운 색깔을 입히겠다고 결심한 나는 훈련할 때도 이런 점을 강조했다. 선수들이 도전적인 패스를 하다가 실패했을 때도 절대 나무라지 않았다. 오히려 잘했다며 독려했다. 상대와 강하게 부딪혀 봐야 지금 우리가 어느 위치에 와 있는지 알 수 있다. 우리보다 순위가 높은 팀과 만나 적극적으로 도전해야 진짜 실력을 알 수 있는 것이다. 우리보다 잘하는 팀을 상대로 수비만 한다? 언제까지 그런 소극적인 축구를 할 것인가. 그렇게 경기를 운영해서 설령 비기거나 이긴다 해도 장기적으로 봤을 때 그건 팀에 도움이 안 된다.

올림픽 16강전, 8강전을 거치면서 내 전략에 대한 비판도 많이 받았다. 수비는 내버려두고 공격에만 치중하는 전술이라는 비판이 대부분이었다. 전술의 실패일 수는 있지만 공격이 최고의 수비라는 나의 축구 철학에는 변함이 없다.

가만히 생각해 보면 인생을 대하는 나의 태도가 축구 철학에 묻어난 것이 아닌가 싶다. 나는 그렇게 살아왔다. 언제 공격이 들어올지 모르는 상대를 쫓아다니며 상대를 막는 게 최선이라 생각하며 살아오지 않았다. 설령 내가 깨지더라도 상대와 당당하게 맞붙으며 살아왔다. 그러면서 새로운 길을 개척했고 성과를 이뤄냈다. 갑작스럽게 맡은 감독 자리였고, 절반의 성공이었지만 그때의 경험은 나의 축구 철학을 다듬고 다지는 기회였다.

골짜기 세대의 반란, 도전은 계속된다

일명 '골짜기 세대'로 불린 신태용호의 행보는 비관적 전망을 뒤집고 한국 축구의 올림픽 역사를 새로 쓰기 시작했다. 슈틸리케 감독은 "멕시코전은 한국으로서는 사실상 결승전이라고 볼 수 있을 만큼 중요한 경기다"라고 말했다. 나 역시 멕시코전 경기 후반에는 선수들에게 강하게 올라가라고 공격 축구를 지시했다. 연습의 결과였을까? 우리는 디펜딩 챔피언 멕시코를 꺾고 2016 리우 올림픽 C조 1위로 8강에 진출했다. 독일, 멕시코를 꺾고 이제 중남미 국가 온두라스와의 8강전을 앞두고 있었다. 메달 획득을 위한 길목에서 만난 온두라스를 반드시 꺾고, 무조건 승리해야 했다. 패배는 곧 탈락이었다.

우리 선수들은 의기투합했다. 여기서 물러설 수 없었다. 어떻게 여기까지 왔는데, 우리는 절대 물러설 수 없었다. 객관적인 전력에서도 우리 팀이 앞서 있었다. 그러나 경기는 뜻대로 풀리지 않았고, 상대의 골문은 쉽게 열리지 않았다.

결국 경기를 주도했던 한국은 역습 한 방으로 실점을 허용했고, 이후 만회골을 넣지 못하며 결국 4강 진출에 실패했다.

선수들은 경기가 끝난 뒤 허망함으로 그라운드에 주저앉았다. 일부 선수들은 눈물을 흘렸다. 나 역시 같은 마음이었다. 나는 주저앉은 선수들 한 명 한 명에게 "잘 싸웠다. 수고했다"라고 말해 주었다.

"올림픽 축구는 8회 연속 본선에 나갔다. 4강에는 못 갔지만 2회 연속 8강에 진출했다. 이 팀을 처음 맡았을 때 '골짜기 세대', '희망이 없다'는 얘기가 많았다. '본선에도 가기 어렵다'는 평가도 있었다. 그래도 선수들이 힘든 과정들을 잘 이겨내고 대등한 경기를 했다. 이대로라면 한국 축구의 미래는 밝다."

나는 리우 올림픽에서 희망의 불꽃을 보았다.

04

★★★

소방수 감독,
위기의 대표팀을 구하라

올림픽에서 돌아온 나는 2016년 12월 초 U-20 월드컵 대표팀 감독으로 선임되었다. U-20 월드컵 대표팀 감독을 맡으면서 나는 원래 맡고 있었던 국가 대표팀 코치직을 내려놓았다.

2016년 겨울, 전지훈련 차 포르투갈로 떠나면서 U-20 월드컵 대표팀의 항해가 시작되었다. 포르투갈에서 포르투갈 U-20 대표팀과 평가전을 치렀고, 1 대 1 무승부를 기록했다. 나는 해볼 만하다는 생각을 했다. 물론 포르투갈이 강팀이지만 수비 조직력만 갖춘다면 우리 공격수로 충분히 승산이 있다고 생각했다.

선수들의 전력을 다듬는 데 집중했고, 잘 따라준 선수들 덕분에 우리 팀의 경기력은 하루가 다르게 성장했다. 여전히 수비에서 약점이 드러나긴 했지만 신태용표 공격 축구 전략에 백승호와 이승우의 활약이 더해지면서 우리 팀은 어느 때보다 강력한 공격 축구를 구사할 수 있었다. 자신감 넘치는 선수들을 보고 있자니 나도 해낼 수 있다는 확신이 생겼다.

하나로 뭉쳤지만 결국 실력 차에 무너지다

그리고 마침내 시작된 U-20 월드컵. 24강 조별리그에서 우리 팀은 상당히 좋은 출발을 보였다. 최상의 경기력으로 U-20 최다 우승팀 아르헨티나를 격파하면서 대회 첫 16강 진출 국가가 되었다. 우리 팀은 자신감에 사기가 충천했고, 축구팬들도 열광적으로 우리를 응원했다. 게다가 제일 빨리 16강 진출을 확정 지으면서 주전들이 충분히 휴식을 취할 수 있었고, 체력을 비축하고 전술을 다듬을 시간적 여유도 생겼다. 여러모로 유리한 상황에서 16강전에 입성했다. 하지만 아쉽게도 세계 최강 포르투갈에 1 대 3으로 패하면서 우리는 16강 10위로 경기를 마쳤다.

아쉬웠다. 조별리그 때까지만 해도 수비진이 안정적이었고 팀 분위기도 무척 좋았다. 하지만 수비 조직력 문제가 다시 한 번 우리 팀의 발목을 잡았다. 수비진이 붕괴되니 백승호와 이승우 역시 활약하지 못했다. 포르투갈은 세계 최강의 수준 높은 선수들이 포진되어 있는 팀이다. 화려한 개인기로 무장한 포르투갈 선수들 앞에서 선제골을 두 번이나 먹으면서 우리 선수들은 맥없이 무너졌다.

기대에 미치지 못한 성적으로 나는 또 한번 비판에 직면했다. 신태용표 공격 축구는 통하지 않는 전술이라는 평가에서부터 장점보다 단점이 훨씬 더 부각되는 전술이기 때문에 시정되어야 한다는 지적까지 수많은 화살이 쏟아졌다. 물론 나를 옹호하는 사람들도 있었다. 준비 기간이 짧았는데 그에 비하면 양호한 성적을 이끌어냈고, 전술을 조금만 다듬으면 충분히 승산이 있다는 평가였다. 하지만 비판이든 옹호이든 모든 것이 뼈아팠다.

대회에서 우리 선수들은 투혼을 발휘했다. 상대 팀은 프로 팀에서 뛰고 있거나 내로라하는 명문 팀, 최소 1군이나 B팀에서 뛰는 선수들이 대거 포진되어 있었다. 하지만 우리 선수들은 K리그는 물론이고 대학교에서도 뛰지 못하는 선수들이 많았다. 그러다 보니 경기력에서 뒤진 면이 있었다.

전술적으로도 부족한 면이 있었다. 사실 나는 포르투갈전을 매우 치밀하게 준비했었다. 포르투갈이 유럽 대회에서 뛴 경기 영상을 모조리 봤고, 일부러 포르투갈에 가서 친선 경기도 해봤다. 한국에서 포르투갈이 치른 세 경기도 다 분석하고 직관까지 하니 '아, 이렇게 나오겠구나' 하는 그림이 그려졌고, 그 부분은 실전에서 다 들어맞았다. 그런데 예상하지 못했던 변수가 있었다. 상대 선수가 전혀 생각지 못했던 움직임을 보였고, 거기에 수비진까지 무너지면서 패배한 것이다.

배우고 깨우친, 후회 없는 경기

전술 실패든 기량 차이든 인정할 건 인정해야 앞으로 나아갈 수 있다. 이 대회만 지휘하고 은퇴할 것도 아니지 않는가. 이 대회에서 성적을 못 내면 축구 인생이 끝나는 상황이었다면, 나는 대표팀을 맡지 않았을 것이다. 그랬다면 무슨 수를 쓰더라도 순위를 올려보려고 안달했을 것이다. 하지만 난 그런 식으로 성적을 내고 싶지 않았다. 능력이 안 되면 옷을 벗는 것이 당연하지만 우리 선수들에게 능력이 있는데 왜 소극적으로 후방에 서서 꽁무니를 빼야 하나 하는 생각이 강했다. 부딪혀보고 싶었다. 실패 확률도 높지만 그런 패턴으로 경기를 하다 보면 한국 축구의 미래에 큰 자양분이 될 것이라 믿었다. 무엇보다 성적을 내지 못해도 후회 없는 경기를 하고 싶었다.

물론 이 대회를 통해 정말 많은 것을 배웠다. 아무리 강팀이라도 안주하지 않고 돌다리를 더 꼼꼼히 두드린다는 것을 포르투갈팀을 보면서 배웠다. 그들은 최대한 이길 수 있는 실리 축구를 보여주었다. 우리보다 더 강한 팀인데도 수비 지역에 내려앉아서 우리가 어떻게 나오는지 보고 자신들이 가진 장점을 공격으로 만들어가는 모습은 매우 인상적이었다. 우리는 포르투갈이 처음부터 밀고 올라올 것이라 생각하고 P2 지역(경기장을 삼등분했을 때 중간 지역)에서 집중 훈련했는데 말이다.

그때 내 나이가 40대 후반. 지도자 생활을 한 지 10년이 다 되어가는 시점이었지만 아직 멀었다는 생각이 들었다. 공부해야 할 것, 배워야 할 것이 여전히 무궁무진했다. 선수도 감독도 은퇴하는 순간까지 완성되지 않는 존재들이다. 계속 깨지고 단련되면서 성장하는 존재들이다. 그것을 잊는다면 정체와 낙오만 있을 뿐이다.

05

★★★

카잔의 기적, 침체된 한국 축구를 심폐소생하다

    2018년, 우리 대표팀의 분위기는 어수선했다. 월드컵 예선에서 중국을 상대로 충격적인 패배를 하면서 온 국민의 비판 여론이 들끓었다. 한국 축구에 대한 비난과 성토, 지도자에 대한 원성, 월드컵 예선전에서 탈락할지도 모른다는 불안까지 겹치면서 대표팀은 와해되기 일보 직전이었다.

    결국 울리 슈틸리케 감독이 성적 부진으로 경질되면서 감독 자리가 공석이 되었다. 과연 그 자리에 누가 올 것인가, 사람들은 촉각을 곤두세우면서 상황을 지켜봤다. 월드컵까지 시간이 없었기 때문에 국내 감독 중 발탁될 가능성이 있다는 보도도 잇달아 나왔다.

그때까지만 해도 그 자리에 내가 갈 줄은 몰랐다. 그야말로 긴급 투입이었다. 아무래도 대표팀 코치를 맡은 경력이 있기 때문에 대표 선수들의 면면을 잘 알고 있다는 것, 선수들과 원활한 소통 능력을 갖췄다는 게 발탁 이유였다. 이로써 2016 리우 올림픽 대표팀에 이어 2017 U-20 월드컵 대표팀과 2018 러시아 월드컵 국가 대표팀까지, 나는 3년 안에 3개 메이저 대회를 이끄는 최초의 감독이 되었다.

독이 든 성배? 소방수 감독?

올림픽에 이어 월드컵 대표팀의 사령탑을 맡게 되자 사람들은 나에게 '소방수'라는 별명을 붙여주었다. 한국 축구가 위기에 빠져 있을 때마다 등판해서 팀을 정비했다는 의미일 것이다. 정말 그랬다. 위기 때마다 부름을 받았고, 그래서 나를 사랑하는 사람들은 열이면 열 모두가 말렸다. 특히 러시아 월드컵 대표팀 감독직 제안이 왔을 때는 그 강도가 더 심했다.

"잘 해봐야 본전인 자리에 왜 굳이 가려는 거야. 그거 독이 든 성배야. 대표팀 감독 기회는 언제든 다시 올 수 있잖아. 팀도 어수선한데 이번엔 고사해."

"잘하면 선수 덕, 못하면 감독 탓인데 그걸 왜 해? 골치 아프게! 감독 생명이 여기서 끝날 수도 있다고!"

수많은 걱정과 우려의 소리를 들었고, 5천만 국민이 다 축구감독이 되는 월드컵은 당분간 피하라는 조언도 수없이 들었다. 맞는 말이다. '올림픽', '월드컵', '최초'라는 타이틀은 영광스럽기도 하지만 언제나 무거운 부담감을 동반한다. 축구를 사랑하는 팬들이 너무 많다 보니 한 경기 한 경기에 몰리는 관심과 열정이 대단하고, 그런 만큼 선수나 코칭 스태프는 잘 해야 한다, 잘 하고 싶다는 부담감과 소망에 몸이 녹아내릴 지경이다.

하지만 그 또한 선수와 감독이 감당해야 할 몫이다. 팬들의 환호만 좋고 쓴소리나 비판은 듣기 싫다면 축구는 취미 생활로 즐겨야 한다. 하지만 우리는 프로이고 태극 마크를 달았다. 프로 선수가 받는 경제적 대우, 태극 마크의 무게감을 절대 잊으면 안 된다.

나는 멘털이 강하고 좀처럼 흔들리지 않는 뚝심을 가졌다고 자부하지만, 그럼에도 경기 내용이 안 좋았을 때 쏟아지는 비난과 평가는 나 역시 버거울 때가 있다. 그렇다고 해서 그 자리를 회피한다면 성장은 없다. 감독 또한 선수처럼 매 경기마다 배우고 성장하는 존재다. 완성된 감독은 없다. 그러니 감독으로서 나의 성장을 위해서라도 두려움을 이겨내고 맞서야 했다.

1년도 채 남지 않았다!

　기회가 왔을 때 잡아야 한다는 간절함도 있었다. 나는 축구를 시작하는 순간부터 홀로 커왔다. 초등학교 때부터 대학교 때까지 소위 말하는 축구 명문 학교를 다닌 적은 없었다. 당시에는 "동북고, 한양공고, 부평고, 세 학교에서 모인 선수들만으로도 대표팀을 만들 수 있다"는 말이 있을 정도였으니 나는 어딜 가도 끌어주는 선배가 없었고, 학교 인맥을 탈 수도 없었다. 항상 홀로 뛰었고, 홀로 여기까지 왔다. 그러니 지금 기회가 왔을 때 잡지 않는다면 다시는 나에게 이런 기회가 오지 않을 수도 있다는 막연한 두려움도 있었다. 독이 든 성배를 마셔도 이 기회에 한번 마셔보자는 생각이 컸다. 감독을 그만두게 되더라도 한번 해보고 싶었다. 그렇게 긴 고민 끝에 나는 수많은 사람들의 만류를 뿌리치고 과감히 감독 제의를 수락했다.

　하지만 쉽지 않은 여정이었다. 내가 사령탑을 맡기 전부터 대표팀에 대한 여론은 상당히 안 좋았다. 슈틸리케 감독이 최악의 성적으로 경질된 뒤 팀 내 분위기도 어수선했고, 준비할 시간도 촉박했다. 변명 같겠지만 1년도 남지 않은 시간 동안 팀을 정비한다는 건 정말 힘든 일이었다. 안 좋은 상황이 안 좋은 상황을 불렀던 건지, 주전 선수들이 부상으로 속속 무너지면서 상황이 최악으로 치달았다. 더구나 대진운도 좋지 않아 사람들은 어차피 짐 풀자마자 다시 짐 싸서 올 건데 왜 가냐는 식으로 비아냥거렸다. 축구팬뿐만 아니라 외신도, 축구 전문가들도 마찬가지였다. 선수 선발과 전술 계획을 전면 수정해야 하는 상황이었다. 그러다 보니 본선 무대에서 선보일 베스트11 멤버에 대한 고민이 깊어졌고, 전술을 확정하고 실전 감각을 유지해야 하는 본선 직전 평가전에서도 실험을 계속할 수밖에 없었다. 당연히 전력이 안정될 리 없었고, 평가전 전적도 1승 1무 2패로 좋지 않았다. 조 추첨을 하기 전에도 여론은 일찌감치 기대를 접는 분위기였는데, 조 추첨 후에는 패배감이 더더욱 짙어졌다.

지고 또 지고, 더 이상 물러설 곳이 없다

모든 상황이 안 좋았지만 그렇다고 손 놓고 있을 수는 없었다. 내가 제일 먼저 한 일은 언제나 그렇듯 상대 팀을 철저히 분석하는 일이었다. 현대 축구는 정보전이다. 선수들과 함께 스웨덴, 멕시코, 독일의 경기 영상을 서른 번 이상 봤고, 코칭 스태프들과 함께 각 나라를 방문해서 선수들 경기를 일일이 보면서 분석했다. 각 선수의 장단점, 부상 전적, 심지어 무슨 음식을 좋아하고 싫어하는지 등 모을 수 있는 정보란 정보는 다 수집해 철두철미하게 분석했다. 그렇게 분석한 데이터를 통해 전략과 전술을 세웠다. 하지만 활용할 수 있는 옵션은 많지 않았다. 주전 선수들의 부상으로 선수층이 두텁지 않았기 때문이었다. 뛸 수 있는 선수들로 전술 활용도를 극대화하는 수밖에 다른 방법이 없었다.

그렇게 우리는 스웨덴전을 치렀다. 사실 지금 돌아보면 그때 조금만 더 공격적인 축구를 했으면 어땠을까 하는 생각이 든다. 평균 신장이 10센티미터 이상 차이 나는 스웨덴 선수들의 피지컬을 극복하지 못했고, 우리 선수의 부상으로 인해 작전이 꼬여버렸다. 스웨덴전에서의 패배는 전술 실패가 맞다.
다행히 두 번째 경기인 멕시코전에서는 스웨덴전보다는 훨씬 나은 경기력을 보였으나, 어쨌든 0 대 2로 지고 있다가 끝나기 직전 손흥민의 중거리 골로 간신히 1점 득점에 만족해야

했다. 이제 와서 하는 말이지만 멕시코의 두 번째 골은 멕시코의 파울이 맞다. 협회에서 FIFA에 공식 항의를 하기도 했지만 승패는 바뀌지 않았다. '오심도 경기의 일부분이다'라는 말도 있지만 그런 일이 벌어질 때마다 안타깝고 억울한 심정은 어쩔 수가 없다.

두 경기에서 모두 지고 나니 여론은 들불처럼 끓어올랐다. 물론 기대하는 사람들도 없었지만 막상 두 경기 모두 지고 나니 여론은 악화될 대로 악화되었다. "볼 것도 없다. 다 짐 싸서 돌아와라." 이런 격앙된 분위기였다. 다음 상대는 당시 FIFA 랭킹 1위의 디펜딩 챔피언 독일이었으니 당연한 반응이었다. 심지어 해외 주요 베팅 업체들은 우리가 독일을 2 대 0으로 이기는 것보다 독일이 우리를 7 대 0으로 이길 확률이 더 높다는 예측을 내놓을 정도였다. 선수들은 쏟아지는 온갖 악플로 엄청난 상처와 부담감을 안은 상태였고, 나도 더는 물러설 곳이 없었다. 내가 할 수 있는 일은 독일전의 전술을 짜고 독일의 경기를 분석하는 일뿐이었다.

독일팀의 경기를 서른 번 이상 돌려보면서 나는 독일팀이 특정한 패턴으로 경기를 한다는 걸 알았다. 양쪽 풀백이 기습적으로 박스 안까지 들어와 슈팅을 하는 패턴. 이런 기습 공격은 우리 수비진을 흔들어서 선수들을 당황하게 만든다. 나는 선수들에게 이 특정한 패턴을 공유해 주면서 백에서 선수 다섯 명이 공격수에 붙어 맨투맨으로 수비하라고 지시했다. 이 포메이션을 독일과의 경기 이틀 전부터 내내 연습했다. 그리고 마침내 대 독일전의 날이 밝았다.

06

★★★

절망에서 건져올린
희망의 기적

    2018년 6월 27일. 카잔의 아크바르스 아레나에서 열린 2018 FIFA 월드컵 F조 3차전 경기.

    전반전 스코어 0 대 0.

    비록 골은 없었지만 경기 내용은 나쁘지 않았다. 독일팀은 내가 영상을 보면서 분석했던 패턴을 그대로 들고 나왔고, 그에 대비하기 위한 나의 전략도 잘 들어맞고 있었다. 나의 예상은 완벽하게 맞아떨어졌다. 독일 선수들은 우리와의 시합을 반드시 이겨야 하는 상황이었기 때문에 마음이 조급했고, 굉장히 서둘렀다.

    전반전을 뛰고 라커 룸으로 돌아온 우리 선수들의 눈은 홍

분으로 들떠 있었다.

"감독님, 이거 해볼 만하겠는데요?"

"그래? 어떤데?"

"우리가 연습했던 그대로예요. 처음 20분은 좀 힘들었는데 그 뒤부터는 패턴이 보이더라고요."

선수들의 눈빛이 살아 있었다. 그 눈빛을 보니 뭔가 되겠다는 생각이 들었다.

"그래, 맞아! 할 수 있어! 해보자!"

"네, 할 수 있어요. 붙어볼 만해요!"

선수들 모두 의욕으로 불타오르고 있었다.

"난 이제 한국 돌아가면 감독 그만둘 거야. 하고 싶어도 못해. 하지만 유종의 미는 거두고 싶다. 부끄러움 없는 경기를 보여주자!"

승리의 비결은 독일의 심리를 역이용한 것

나는 선수들을 독려했다. 선수들은 자신감으로 충만해 있었고, 그런 선수들의 눈빛을 보니 좋은 경기가 될 거라는 확신이 생겼다. 그리고 후반전을 뛰는 선수들을 보면서 감이 왔다. 이길 수 있을지도 모르겠다고. 나중에 기록을 보니 이날 우리 선수들이 뛴 거리가 무려 118킬로미터였다. 러시아 월드컵 중 한 경기에서 가장 많이 뛴 기록이었다. 그만큼 선수들은 승리에 대한 열망으로 똘똘 뭉쳐 있었다.

선수들은 체력이 아니라 투지로 뛰었다. 숨이 끊어질 정도로 뛰었다. 초조하고 긴장됐지만 그런 선수들을 보고 있으니 진다, 실패한다, 패배한다 같은 생각은 아예 머릿속에 떠오르지도 않았다. 이기고 싶은 마음이 간절했고, 벤치에 있던 모든 스태프와 선수들도 승리에 대한 염원, 단 하나만을 가지고 있었다.

아무도 우리가 이길 거라 생각하지 않았다

모두의 간절한 바람과 염원이 선수들의 발끝에서 경기력이 되어 필드를 누비고 있었다. 추가 시간이 3분쯤 지났을까. 김영권 선수가 찬 골이 상대 골문에 꽂혔다. 부심의 오프사이드 판정으로 주심의 VAR 판독까지 갔지만, 나는 골이라는 걸 직감했다. 득점을 확신한 관중석에서도 우레와 같은 함성과 박수가 쏟아졌다. 판정이 번복되고 득점이 인정되면서 경기장은 흥분과 열광으로 끓어올랐다.

'반드시 이긴다, 꼭 이겨야 한다'는 선수들의 투지는 손흥민 선수가 추가골을 터뜨리면서, 결국 2 대 0으로 한국이 승리했다.

경기 종료 휘슬이 울리고 선수들은 서 있을 기력조차 없는 듯 필드에 쓰러졌다. 몸을 웅크리고 설움을 토해 내는 선수, 멍하니 허공만 바라보는 선수, 동료를 끌어안고 감격을 나누는 선수…. 그들이 어떤 감정인지 선명히 보였다.

나는 필드로 달려 나가 자신의 기량을 넘어선 경기를 보여 준 선수들을 일일이 안아주고 다독였다. 극과 극을 오가는 감정의 굴곡을 나 또한 10년 넘는 선수 생활 동안 수없이 겪어봤기 때문에 선수들이 어떤 마음일지 느껴졌다. 그렇기에 나도 속으로 울음을 삼켰다. 응원단도 선수들도 코칭 스태프도 모두 울었다.

짧은 준비 기간 동안 최선을 다해 경기에 임해 준 선수들에게 고마웠다. 그동안 쏟아졌던 비난의 화살로 입은 상처가 조금 치유되는 기분이었다. 한국 축구에 실망했을 축구팬들에게 손톱만큼이라도 희망을 주었다는 생각에 마음이 놓였다.

선수들의 투지가 만들어낸 카잔의 기적

그 누구도 우리가 2 대 0으로 독일을 이길 것이라고 생각한 사람은 없었다. 사실 나조차도 비기기만 해도 성공이라고 생각했다. 하지만 우리는 이겼고 불가능을 가능으로 만들었다. 리우 올림픽 온두라스전에서 패해 8강 진출이 좌절되었을 때, 경기 종료 후 한참을 울던 손흥민은 이번에는 큰 포옹으로 서로를 안았다. 사람들은 모두 기적이라 말했지만, 나는 선수들의 투지가 만들어낸 승리라고 생각한다. '공은 둥글다'는 것을 또 한번 경험한 순간이었다.

투지의 경기를 끝냈지만 아쉽게도 우리는 16강 진출에 실패했고, 한국에 돌아왔을 때 달걀이 날아들기도 했다. 하지만 그래도 많은 축구팬들이 우리에게 박수와 응원을 보내주었다. 그리고 나도 대회를 끝으로 감독직에서 내려왔다.

나에게는 상처뿐인 영광이었지만 그래도 내 축구 인생에서 카잔에서의 독일전은 잊을 수 없는 감동의 순간이다. 고마운 것은, 많은 사람들이 그날 경기를 평하면서 그 경기 이후 침체됐던 한국 축구가 다시 되살아났고, 그날의 경기가 한국 축구의 부활을 이끌었다고 평가해 주었다는 점이다. 지금도 나를 보면 많은 사람들이 카잔의 기적을 이야기 한다. 여전히 그 경기를 기억하는 축구팬들이 정말 많다. 무척 감사한 일이다.

감독으로서 나의 역할도 그런 것이라 생각한다. 한국 축구의 미래에 디딤돌이 되는 것. 한국 축구가 지금보다 더 성장하는 데 조금이라도 힘을 보태는 것. 그것이 모든 감독의 희망이자 꿈일 것이다. 그 과정에서 삐끗하기도 하고 쓰러지기도 하고 무너져내리기도 하겠지만, 일희일비하지 않고 꿋꿋하게 나의 길을 가는 것. 그것이 내게 주어진 소임이 아닐까 싶다.

우리에게는 '카잔의 기적', 독일에게는 '카잔의 참사'라고 기록된 이 경기는 나의 지도자 생활, 아니 축구 인생 전부를 통틀어 가장 잊지 못할 경기다.

4장

'그라운드의 여우'가 짜는
전술은 다르다

01
★★★
안 되면 되게 하는 깜짝 전술

2009년 K리그 6강 플레이오프전. 성남 일화 대 인천 유나이티드의 경기였다. 감독으로 첫걸음을 뗀 해였기 때문에 매 경기 때마다 긴장감이 감돌았다. 그날 경기는 뜻대로 진행되지 않았다. 전반 48분 중앙수비수 샤샤가 인천 공격수의 얼굴을 고의로 밟았다며 주심으로부터 레드카드를 받았다. 이 과정에서 나는 거칠게 항의를 했고, 결국 퇴장을 당했다. 후반전부터는 벤치가 아닌 관중석에서 무전기로 작전 지시를 내렸다. 수적 열세에도 연장 전반에 선제골을 넣어 승리를 눈앞에 둔 듯했지만 후반 뼈아픈 동점골을 내주면서 승리는 장담할 수 없는 상황이 되었다.

직감적으로 '승부차기까지 갈 수 있겠구나' 하는 생각이 들었다. 연장 종료 휘슬이 울리기 직전, 나는 '깜짝 카드'를 꺼내 들었다. 나는 무전기로 김도훈 코치에게 미드필더 김정우를 빼고 골키퍼 김용대를 투입하고, 그때까지 골문을 지키던 정성룡에게는 등번호 1번이 새겨진 필드 플레이어 유니폼을 입히라고 지시했다. 결국 10여 초 뒤 종료 휘슬이 울리고 경기는 승부차기로 이어졌다. 기가 막힌 타이밍이었다.

골키퍼가 2명? 신들린 용병술

골키퍼를 필드 플레이어로 바꿔야겠다고 생각한 것은, 정성룡 선수가 볼을 잘 찬다는 것을 알고 있었기 때문이었다. 그리고 앞선 수원 삼성과의 경기에서 승부차기 연습 때 두각을 나타낸 두 선수를 키커로 넣었는데 실전에서는 모두 실패한 경험이 있다 보니, 만약 이번 경기가 승부차기까지 간다면 볼을 잘 차는 성룡이를 골키퍼가 아니라 필드 플레이어로 활용해봐야겠다는 생각이 들었던 것이다.

아침 식사하면서 불현듯 이런 생각이 떠올라서 부랴부랴 정성룡 선수의 등번호 1번이 새겨진 유니폼을 오전에 준비했다. 성룡이도 자신이 필드에 나올 거라는 건 전혀 몰랐다. 경기는 내 예상대로 흘러갔고, 정성룡과 김용대의 기용은 적중했다. 하지만 그날 볼을 잘 찰 것이라 예상했던 정성룡의 볼은 아쉽게도 상대에 막혔다. 그 순간 아차 싶었다. 그런데 다행히 김용대가 상대 볼을 막아주고 다섯 번째 키커로서 골을 넣으면서 3대 2로 준플레이오프에서 이겼다. 실패로 돌아갔으면 무모한 도전이 됐을 테지만 승리했기에 배짱 승부가 빛을 본 순간이었다. 지금은 웃으면서 말할 수 있지만 마지막 키커인 용대가 못 넣을까 봐 얼마나 마음이 조마조마했는지 모른다.

무전기 매직의 탄생

경기에서 퇴장당해서 포항과의 플레이오프 경기까지 나는 벤치가 아닌 관중석에서 무전기로 작전 지시를 해야 했다. 다행히 3경기 모두 짜릿한 승리를 이끌어내면서 '무전기 매직'이 탄생할 수 있었다. 벤치에서 지시할 때는 선수들이 움직이는 볼에만 시선이 가는 반면, 관중석에 올라가니 전체적인 라인과 움직임이 한눈에 보였다. 성남은 K리그 챔피언 결정전까지 올라갔다. 그리고 나는 전북과의 챔피언 결정 1차전을 치를 때에도 벤치에 앉을 수 있었지만 관중석을 택했다. 관중석에서 전체가 더 잘 보이고 지휘하기도 훨씬 편했기 때문이다. (일면 감독 퇴장으로 벤치에 앉지 못한 것에 대해서는 축구인으로서 반성하고 또 개인적으로 죄송한 일이기도 했다.)

이때가 성남의 감독대행으로 부임하여 감독 경력의 첫 시즌이던 해였다. 당시 나는 14개 구단을 상대로 "성남 일화의 목표는 우승이다"라고 당찬 포부를 밝혔다. 다들 초보 감독의 무모한 포부라 생각했지만 놀랍게도 그해 초반 하위권에서 머물던 팀을 4위에 올려놓으며 플레이오프에 진출시켰다. 그리고 우리는 전북과의 챔피언 결승전까지 올라갔지만 1위 전북의 벽은 넘어서지 못하고 아쉬운 준우승을 했다.

02

★★★

골키퍼도 아닌데
2실점이라는 신기한 기록

    2003년 7월 성남 일화 선수 시절, 이날은 대전 시티즌과의 경기가 있었다. 나는 전반 31분에 그림 같은 '코너킥 골'을 넣으며 프로축구 통산 11호 코너킥 골을 기록했다. 우리 팀이 전반에 일찌감치 3 대 0으로 리드를 잡고 있었다. 그런데 후반전에 골키퍼 김해운이 머리를 다치면서(뇌진탕 증세) 골문을 더 지킬 수 없는 상황이 되었다. 이미 교체 선수 카드도 세 번 모두 사용해 버렸기에 필드 플레이어 가운데 한 명이 골문을 지켜야 하는 상황이 되었다. 벤치에서는 주장인 나를 불렀다.

초보 골키퍼라는 별난 체험

"지금 멤버 중에서 샤샤나 김도훈을 골키퍼로 세우는 게 어때?"

나는 대뜸 이렇게 말했다.

"제가 하겠습니다!"

"뭐라고? 너가 골키퍼를 하겠다고?"

"예, 초등학교 때 골키퍼도 해봤습니다!"

축구선수로 크지 않은 키에 체격도 작은 내가 골키퍼를 하겠다고 하니 코칭 스태프들은 모두 놀랐다. 그러나 나는 자신 있었다. 재치있게 골을 막아낼 수 있을 것 같은 확신 아닌 확신이 들었다.

주장인 내가 해보겠다고 손을 드니, 함께 뛰던 선수들도 "그럼 한번 해보죠"라고 시선을 보냈다. 경기 중이었기 때문에 머뭇거릴 시간이 없었다. 나는 상의 유니폼 위에 형광색 티셔츠를 입고 골키퍼 장갑을 꼈다. 그렇게 초보 골키퍼 신태용이 탄생했다. 결과는 어땠을까?

'골 넣고 골 먹은 골키퍼'

나는 좌충우돌하면서도 상대의 슛을 온몸으로 막아냈다. 결국 5개를 잡아냈지만 2골은 내줬다. 첫 번째 골은 어쩔 도리가 없었고, 두 번째 골은 각을 잘못 잡아서 내주었기에 아쉬움이 남았다. 10명이 싸운 수적 열세에도 대전의 파상공세를 2골로 막아낸 것에 대해 초보 골키퍼로서 합격점을 줄 만하다는 게 팀 관계자들의 평가였다.

나는 그렇게 전반전에는 골을 넣고, 후반전에는 골을 먹은 '골 넣고 골 먹은 골키퍼'가 되었다. 내 K리그 기록이 401경기 출전, 99골, 68도움, 2실점인데, 실점 2점은 이때 생긴 것이다. (2024년 K리그 기록시스템 및 표기 방식 개선 정책에 따라 현재 통산 기록은 405경기, 102골, 69도움, 2실점이다.)

경기는 승리하는 것이 목표다. 나는 어떤 난관이나 어려운 상황에서도 방법이 있을 거라고 믿는다. '내가 미드필더 선수이기 때문에 골키퍼를 못해'가 아니라 '승리를 위해서는 골키퍼도 하자'라는 적극적인 마음가짐으로 임했다. 이겨야 한다고 생각하면 방법은 얼마든지 있다. 포기하지 않는 한 말이다.

03

★★★

'그라운드의 여우'가 짜는 전술은 다르다

현역 시절 영리한 플레이를 한다고 '그라운드의 여우'라는 별명을 얻었다. 상황 판단을 빠르게 했고 남들이 생각하지 못하는 플레이로 과감하게 골을 넣었다. 13년간의 선수 생활을 마무리하고 지도자가 되어서도 그라운드의 여우라는 별칭은 계속 이어졌다. 과감한 전술, 다양한 시도를 하며 상대를 교란시키는 전략, 다양한 포메이션의 팔색조 전술, 트릭과 심리전까지, '그라운드의 여우'에서 나는 '난놈'이라는 별칭도 얻었다. 다시 생각해도 과찬이다.

2010년 일본 도쿄에서 열린 AFC챔피언스리그에서 우승까지 차지하면서, 나는 선수들이 나를 '난놈'으로 만들어준다고 고마운 마음을 전하는 인터뷰를 했는데, 마치 내가 붙인 별칭처럼 되어버렸다. 그렇게 나는 '난놈'이라는 별명을 얻었다. 이후 나는 2016 아시아축구연맹(AFC) U-23 챔피언십에서, 골짜기 세대라며 조명받지 못한 선수들을 데리고 결승에 오르면서 세계 최초로 8회 연속 올림픽 진출을 이끌어냈다. 디펜딩 챔피언 독일을 꺾으며 '카잔의 기적'을 만들어냈고, FIFA 순위 173위의 인도네시아팀을 맡아서 파리 올림픽에 진출시켰다. 스스로 말하긴 쑥스럽지만 나는 '운이 꽤 좋은 놈'으로 매번 기록을 갱신해 나갔다.

'명 선수는 명 감독이 되기 어렵다'는 말이 있다. 하지만 나는 자신한다. 명 선수도 명 감독이 될 수 있다고.

전술은 고정되어 있지 않다

물론 내가 추구하는 축구 방향이 있지만, 그렇다고 그 전술을 모든 시합에 적용할 수는 없다. 상대 팀이 어떤 팀인지 철저하게 분석하고 나서 그 팀의 색깔에 맞는 전술을 짜야 한다. 그러니 우선은 다양한 전술을 짜놓고 충분한 훈련을 하는 게 중요하다.

나는 포백이나 스리백만 고집하지는 않는다. 포백만 고집하다 보면 강팀의 높이와 파워를 감당하기 어려울 수 있다. 전형적인 스리백보다 변칙 스리백 전술을 구사하는 것도 이런 이유에서다. 대형만 유지하는 정적인 축구는 한계가 있을 수밖에 없다. 시작 포메이션과 실제 경기 포메이션이 다르게 가는 경우도 있는데, 처음에 구상했던 포메이션이 경기를 해보니 예상과는 다르게 진행되어, 상대 공간을 만들어내거나 우리 팀의 약점을 방어하기 위한 방식으로 변형하기도 한다.

2016 AFC U-23 챔피언십 4강전에서 나는 누구도 생각하지 못한 스리백을 들고 나갔다. 실전에서 단 한차례도 써보지 못한 스리백이었기에 위험 부담이 있는 모험이었지만 전반 카타르의 공격을 무뎌지게 만듦으로써 결과적으로는 '신의 한수'가 됐다. 한국은 전반전에서 카타르가 주도하는 경기에 끌려갔으나 안정적인 수비와 후반전에서 연속 골을 넣으면서 3 대 1로 승리를 거뒀다. 카타르 도하 자심 빈 하마드 스타디움에서 한국은 이번 대회 3위까지 주어지는 리우 올림픽 본선 진출권을 확보하며 세계 최초 8회 연속 올림픽 본선 진출의 쾌거를 이뤘다.

좋은 결과를 얻을 수 있었던 것은, 당시 올림픽 대표팀의 수비가 불안하다는 얘기에 대응해 수비진의 부담을 덜어주기 위한 방법을 강구한 덕분이었다. 실전에서 한 번도 써본 적이 없던 전술이라 머뭇거릴 수도 있었지만 과감하게 결단했고 실행했다. 경기 전체의 흐름을 읽고 맥을 짚어낸 순간이었다. 전술은 고정되어 있지 않다. 그래서 매번 경기에 내가 어떤 전술로 나갈지, 미리 연습해 두고 새롭게 생각할 수밖에 없다.

2024년, 9년 만에 다시 이 경기장에 인도네시아 축구팀 감독으로 섰다. 그것도 조국인 대한민국팀과 맞붙은 경기였다.

전술을 입히고 성장하는 축구로

수비 위주의 축구를 한다고 해서 이긴다는 보장도 없다. 수비만 해도 골은 먹을 수 있다. 수비에만 치중하다가 운이 좋아서, 또는 기회를 잘 포착해서 이길 수도 있지만 매번 그럴 수는 없다. 그렇다면 차라리 한 골 먹고 2골을 넣는 축구를 하는 게 축구 발전을 위해, 선수들의 성장을 위해 더 좋은 경기가 아닐까? 그래야 우리 축구가 더 강해진다고 나는 믿는다.

사실 수비 축구는 공격 축구보다 훨씬 쉽다. 7명이 골 에어리어라인을 지키고 있으면 쉽게 골을 먹지 않는다. 수비 4명,

미드필더 3명이 지키고 있으면 그렇지 않겠는가. 월등하게 기량 차이가 나는 경우가 아니라면 골은 안 먹을 수 있다. 하지만 공격 축구는 변화무쌍하게 다양한 전략으로 상대를 흔들어야 한다. 계속 머리를 써야 한다. 하루아침에 폼이 올라오는 것도 아니다.

  이런 말을 하면 축구팬들이 싫어할 수도 있지만, 나는 우리 팀이 지더라도 선수들이 하고 싶은 축구를 해보고, 새로운 전술의 축구를 시도해 보고, 자신에게 맞춰질 때까지 공들이는 시간을 줘야 한다고 생각한다. 포르투갈이나 잉글랜드 같은 팀을 만났을 때 잔뜩 주눅이 들어 후방에만 옹기종기 모여 있지 않고 자신감 있게 치고 나가는 축구를 해보는 것이 모두를 위해 꼭 필요하다.

04

★ ★ ★

선수들에 대한 완벽한 분석이 강팀을 만든다

　인도네시아도 그렇지만 우리나라도 대표팀 선수들이 구성될 때마다 언론이 대서특필한다. 특히 우리나라는 축구팬들의 수준이 높고 선수들에 대해 감독만큼 체계적으로 분석하고 있기 때문에 선수 엔트리가 발표될 때마다 속된 말로 난리가 난다. 왜 이 선수가 빠졌냐, 이 선수는 왜 넣었냐, 이 선수하고 무슨 사이냐 등 별의별 말이 다 돈다.

　팬들이 보기에는 특정한 선수를 편애하거나 유독 자주 기용하는 것 같은 느낌이 드는 모양인데, 세상 어디에도 선수를 사적인 이유로 선발하거나 기용하는 감독은 없다. 어떤 선수를 어떻게 기용하느냐에 따라 승패가 달라지는데 누가 그렇게 위험한 방식으로 경기를 운영하겠는가.

감독의 자산

　선수 발탁과 기용은 학연이나 지연이 아닌 선수에 대한 과학적인 분석과 평가를 기반으로 한다. 선수에 대한 데이터가 머릿속에 완벽하게 정리되어 있어야 전술을 짤 수 있고, 선수 매칭을 할 수 있다. 그 데이터가 바로 감독의 자산인 것이다.

　선수들의 기술상 장단점은 물론이고 성격과 식성 등 거의 모든 것을 파악하고 있어야 한다. 어떤 선수들은 파워가 좋지만 스피드가 떨어질 수 있고, 어떤 선수는 돌파력은 있지만 볼 컨트롤은 약하고, 어떤 선수는 패스는 좋지만 체력이 떨어지는 등 선수들마다 다른 체력과 장단점을 가지고 있다. 그런 선수들을 원팀으로 이끌어야 하다 보니 조직 훈련을 많이 한다. 상대가 들어와서 일대일로 마주 섰을 때 골대가 아닌 밖으로 몰아내는 훈련, 투블록을 잡는 훈련 등 조직력을 높이는 훈련에 가장 많은 시간을 투자한다. 각기 다른 강점과 단점을 가진 선수들 간에 밸런스를 맞추는 연습인 것이다.

기본이 중요하다

선수들을 보면 생각보다 기본기가 안 되어 있는 선수들이 많다. 대표 선수인데도 5미터, 10미터 패스를 못하는 선수가 있다. 볼 컨트롤을 공격적으로 잡아 놓아야 할지, 수비적으로 잡아 놓아야 할지에 대해서도 모른다. 이런 기본기를 갖추려면 반복적인 훈련밖에 다른 길이 없다. 경기에 들어가서야 "쟤는 왜 저렇게 밖에 못하냐?"라고 한탄할 게 아니라 훈련 때 선수들에 맞는 훈련 타입을 잡아줘야 한다. '이 선수는 돌아서는 게 약하다', '이 선수는 볼 터치를 공격적으로 하지 않기 때문에 훈련할 때 가르쳐야 한다', '말 한마디로 끝나는 게 아니고 반복적으로 이야기해서 몸에 완전히 익혀주자'처럼 디테일하게 방향을 설정해서 훈련에 적용하는 게 감독의 일이다.

나는 체력 훈련으로 웨이트 트레이닝도 많이 강조한다. 선수에 따라 체력도 천차만별이기 때문에 공격수와 맞붙는 수비수는 무엇보다 체력이 강해야 한다. 예전에 한 선수에게 웨이트 트레이닝을 반드시 해야 한다고 잔소리를 계속했는데, 별로 귀담아 듣지 않다가 잉글랜드와 경기를 한번 해보더니 내가 왜 웨이트 트레이닝을 그렇게 강조했는지 알겠다며 당장

트레이닝을 시작했다. 상대 선수와 부딪혀보니 통나무 같았다는 것이다. 수비 축구를 하면 이런 느낌을 못 받는다. 오는 대로 뻥뻥 걷어내면 되는데 상대 선수 피지컬이나 체력을 실감할 경우가 생기겠는가. 하지만 직접 부딪혀보면 완전히 다르다. 자신의 부족한 점을 바로 체감한다. 이것이 선수에게는 엄청난 교훈이 된다.

"볼 잡고 백패스 하면 언제 공격하냐!"

선수들을 훈련시키다 보면 많은 선수들이 우리 골대를 바라보고 볼을 잡는다. 어떻게 보면 본능적인 건데, 안 되더라도 자꾸 몸을 앞으로 돌려놔야 공이 앞으로 간다. 이 역시 반복 훈련으로 몸에 익혀야 하는 일이다. 볼을 잡으면 돌아서서 바로 패스로 찔러주는 것, 볼이 오면 보고 돌려 차는 그런 훈련을 많이 해야 한다.

우리 선수들은 이런 기본 디테일에서 약한 모습을 보인다. 그래서 경기를 하면 티가 난다. 잉글랜드 선수들은 볼이 오면 볼을 몸 안에 거머쥐고 뛰는데, 우리 선수들은 볼이 오면 컨트롤하기 바쁘다. 잡아 놓을 때 첫 터치가 공격적으로 가야 상대가 무서워서 무너지는데, 우리는 우리 골대로 볼을 잡아 놓는다. 스포츠 경기는 일종의 기싸움이기도 하다. 공격적으로 상대를 압박하면서 밀고 올라가다가 선제골을 넣어야 상대 팀이 순식간에 무너진다. 스포츠 경기는 흐름이라는 말도 있지 않은가. 그 흐름을 타면 없던 능력도 나오지만, 흐름이 무너지면 아무리 대단한 팀이라도 한순간에 무너진다. 경기 흐름을 리드하고 싶다면 백패스나 안전한 축구가 아닌 밀고 올라가는 축구를 해야 한다. 우리 팀이 상대 팀에게 위협적인 팀으로 인식되지 않는 이유는 이런 축구를 하지 않기 때문이다.

그래도 요즘 젊은 선수들은 기본기가 많이 좋아졌다. 기세 있게 달려들어 볼을 치고 나가는 점에서 실력이 많이 향상됐다. 볼 점유율 갖겠다고 후방에서 공을 돌리기보다 전진 패스하면서 공격적으로 하는 축구. 그런 축구를 구사하기 위해 나는 선수들에게 늘 기본기를 탄탄히 다지라고 말한다.

선수들을 완벽히 분석하는 건 감독의 의무다. 애정을 가지고 면밀히 관찰해야 선수들이 보인다. 선수로서만이 아니라 인간적으로도 선수를 이해하고 파악하고 있어야 원팀으로서 시너지가 난다. 결국 축구도 사람이 하는 일이다. 사람을 모르면, 사람에 대한 애정이 없으면 축구도 없고 팀도 없으며 승리도 없다.

05

★★★

전략은 심플하게,
전술은 디테일하게

    2026 북중미 월드컵 아시아 지역 3차 예선 C조 1차전에서 인도네시아팀은 사우디아라비아팀과의 경기에서 1 대 1로 비겼다. 이 경기를 두고 많은 사람들이 전술의 승리였다고 평가했다. 당시 인도네시아팀은 343 시스템을 쓰다가 수비할 때만 541 시스템으로 변경했다. 인도네시아팀이 약체이다 보니 자연스럽게 541 형태가 만들어진 것일 뿐, 원래 우리 팀의 포메이션은 343이었다. 그런데 나는 343에서도 양쪽 풀백을 적극적으로 윙포드까지 만들어놓기 때문에 우리보다 약하거나 비슷한 전력을 가진 팀과 경기할 때는 343에서 공격수가 훨씬 많아지는 시스템으로 변경하곤 한다. 하지만 우리보다 강팀일

때는 수비할 때만 541 형태로 갔다. 343 수비 형태를 만들면 그냥 기본적으로 541이 되어버린다. 343에서 4에 있는 양쪽 선수들이 내려오면 자연스럽게 5가 되고, 그다음에 343에 있는 윙포더들이 내려오면 4가 되는 것이다. 그러니까 자연스럽게 수비형의 541 형태가 만들어지는 것이다. 그 형태를 두 줄 수비로 간격을 어떻게 만들 것인가를 정리한 것이 나의 전략이었다.

각기 다른 경기 체력, 훈련 체력

여기에 선수들의 투지가 더해져 강호 사우디를 상대로 무승부의 결과를 만들어낼 수 있었다. 사실 당시 인도네시아 대표팀의 주축 선수들 중 절반이 자기 소속팀에서 경기를 뛰지 못하는 선수들이다 보니 경기 체력이 많이 떨어졌다.

경기 체력과 훈련 체력은 완전히 다르다. 훈련을 많이 한다고 해서 경기 체력이 좋아지는 게 아니다. 경기 체력은 경기를 많이 해서 따로 만들어지는 것이다. 훈련 체력을 기본적으로 갖추고, 여기에 더해 경기 체력을 훈련하면서 만드는 것이다. 경기는 90분 내내 뛰어야 하고, 언제 쉬어야 하고 언제 호흡

해야 하는지 그 타이밍이 따로 있다. 하지만 훈련은 내가 선수 각자를 지도할 때도 있고, 한 타임이 끝나면 쉬기도 하기 때문에 전혀 다른 체력이라고 봐야 한다.

그런데도 사우디를 완파했다는 건 온전히 선수들의 투지였다. 체감온도가 45도인 살인적인 더위였는데도 선수들 한 명 한 명이 이를 악물고 뛴 것이었다. 여러 조건과 상황을 보았을 때 사우디와의 경기는 스코어는 무승부였지만, 내용 면에서는 승리였다.

감독으로서 나는 무슨 경기든 항상 이기기 위해 준비하지 상대가 강팀이라서 무승부를 준비하진 않았다. 우리 팀이 객관적인 전력에서 4 대 6으로 밀리든가 3 대 7로 밀리더라도 어떻게 해야 상대 팀을 이길 수 있을까를 연구한다. 솔직히 당시 인도네시아팀은 어느 팀과 경기를 하더라도 경기에서 밀릴 수밖에 없었다. 하지만 볼점유율 같은 숫자는 아무런 의미가 없다. FIFA 순위가 큰 의미 없는 것과 같은 이유다. 어느 순간에 골 결정력을 높여서 골을 넣느냐가 중요하다. 축구는 골 넣고 골 안 먹으면 이기는 경기니까 말이다.

원팀은 하나의 언어로 말한다

중요한 것은 선수들에게 이 전술을 어떻게 입히느냐이다. 우선은 연습을 충실하게 해야 한다. 본능적으로 반응할 정도로 반복해서 연습하는 수밖에 없다. 그리고 몸으로 익힐 수 있게 정확하고 명료하게 설명해 주어야 한다. 미사여구 필요 없고, 구구절절한 설명 없이 포인트를 잡아서 설명하는 것이다. 가장 단순한 언어로, 즉각적으로 실행할 수 있도록 디테일하게 알려줘야 한다.

"상대가 어떤 식으로 들어오고 어떻게 경기를 운영하니까 우리는 요것만 잘 준비하고 이렇게 대응하면 된다!"

말이 어려우면 선수마다 생각하는 방향이 달라질 수 있다. 원팀은 하나의 언어를 사용하는 팀이 되어야 한다. 그래야 하나의 목표, 골을 향해 움직인다. 그래서 나는 가장 담백하고 단순한 설명을 추구한다.

"너는 이런 걸 잘하니까 이렇게만 해주면 우리 팀이 더 잘할 수 있다."

이런 식으로 이야기하면 선수들도 빠르게 이해한다.

인도네시아 대표팀을 맡으면서 염기훈 코치를 기용했다. 염기훈 코치가 이런 말을 했다.

"내가 만나본 감독 중 가장 인상적인 감독이 2명 있는데, 한 명은 서정원 감독님이고, 한 명은 신태용 감독님입니다. 서정원 감독님은 선수들의 감성을 잘 관리해 줬다면, 신태용 감독님은 가장 디테일하게 설명해 주십니다. 그래서 감독님의 이야기를 들으면 내가 뭘 해야 하는지를 바로 알 수 있어서 좋습니다."

나는 이것이 진정한 커뮤니케이션이라고 생각한다. 경기장에서 감독의 손짓 하나, 몸짓 하나에도 선수들이 뭘 해야 할지 안다면, 그 팀은 승리할 수밖에 없다.

06

★★★

자신감으로
기세를 잡아라

'열정'과 '과욕'을 혼동하는 사람들이 있다. 밤을 새서 훈련을 하고, 한 달 내내 하루도 빠지지 않고 볼을 차는 걸 축구에 대한 열정이라고 생각하면서 엄지손가락을 치켜든다. 하지만 나는 훈련만큼 휴식도 중요하다고 생각한다. 유소년 축구선수를 만나도 똑같이 얘기해 준다. 훈련하는 것만큼 쉬는 게 중요하다고 말이다.

팀에서 축구하고 집에 가서 개인 교습 받고 일 년 내내 하루도 빠지지 않고 축구 연습을 하는 건 과욕이자 선수들을 혹사하는 것이다. 멀리 봤을 때도 결코 선수들에게 좋지 않다. 특히 어렸을 때는 훈련이나 경기가 끝났을 때 반드시 시간적인 여유를 갖고 잘 먹고 잘 자야 한다. 온라인 게임을 해도 좋다. 내 아들 둘도 축구선수로 활동하고 있지만, 나는 아이들에게 개인 교습을 붙여본 적이 없다. 무조건 마음 편하게 쉬라고 권했다. 그게 다음 훈련이나 경기에 필요한 에너지를 모으고 키우는 방법이다.

휴식도 전략이다

FIFA의 규정에도 48시간 안에는 경기를 하지 않도록 권장한다. 한 경기 끝나면 기본적으로 체중이 2~3킬로그램 빠져버리니까 회복 시간이 절대적으로 필요하다. 축구선수들이 한 경기를 교체 없이 뛴다고 가정했을 때 체력을 100퍼센트 회복하는 데 걸리는 시간을 추산해 보면 보통 48시간에서 72시간 정도이다. 그런데 이렇게 충분히 휴식을 취하지 않고 과도하게 경기를 하거나 훈련을 받으면 부상 위험이 높아진다. 회복 과정이 없으면 몸에 문제가 올 수 있다는 게 분명히 증명되어 있기 때문에 코칭 스태프도 선수들에게 프로틴을 먹이면서 회복 위주로 선수를 케어한다.

시합 이틀 전이 가장 중요

사실 경기력에서 가장 중요한 것은 시합 이틀 전이다. 특히 단기 시합일 때는 이동하고 회복하다 보면 딱 시합 이틀 전에 선수들을 모아서 전술 훈련하고 발맞추고, 시합 전날은 그 전날 훈련했던 것을 아주 짧게 엑기스로 반복 훈련만 가볍게 한다. 그러니까 시합 이틀 전의 훈련량이 70퍼센트 정도라면 시합 전날은 30퍼센트밖에 안 된다. 시합 전날에 과도하게 에너지를 써버리면 시합 당일에 써야 될 에너지가 없기 때문이다. 그러니까 그 에너지를 만들기 위해서는 하루 정도 시간이 있어야 한다. 그래서 될 수 있는 한, 시합 전날은 에너지를 안 쓰고 그냥 느낌만 만들어놓기 위해서 가볍게 훈련을 하는 것이다.

내가 피지컬 코치의 중요성을 강조하는 이유도 이 때문이다. 멀리 유럽과 중동에서 날아오는 선수들과 K리그 멤버, 또는 가까운 동아시안 리거들이 진행하는 훈련 내용은 다 달라야 한다. 선수 개개인에 맞는 맞춤형 훈련 프로그램이 있어야 선수들이 몸 관리를 제대로 할 수 있다. 국가 대표팀에 피지컬 코치를 2명씩 두었던 이유다.

정신력을 높이기 위한 한 가지 팁

그라운드에서는 몸싸움이 많다. 그럴 때 선수들이 흥분해 버리면 경기가 뜻대로 풀리지 않는다. 그래서 나는 선수 시절 내 감정과 기분을 간단히 메모해 두곤 했다. 욕을 내뱉기보다 일기 쓰듯이 내 감정을 써두면 마음이 누그러졌다. 길게 쓸 필요도 없었다. '저놈이 내 어깨를 치는 바람에 화가 엄청 났다', '오늘은 3시간 웨이트 트레이닝으로 인해 발목이 아파서 짜증이 났다', '이겨야 하는데 졌다. 기분이 나쁘다' 등 짧은 문장으로 기록해 두면 나의 피지컬과 상태를 예측하거나 알 수 있었다. 뒤돌아 생각해 보면, 이 단순한 방법이 내 멘털을 유지해 주고 에너지를 높여주는 효과가 있었다. 어느 기자가, 그때 기록해 둔 수첩을 지금도 갖고 있느냐고 물었는데, 아쉽게도 이사하면서 모두 버렸다. 지금은 핸드폰을 다들 갖고 있으니까 자신의 상태를 전자 메모로 짧게라도 기록해 두는 걸 추천한다.

자의반 타의반 붙여진 '난놈'이라는 별칭

2010년 AFC 챔피언 리그 결승전에서, 우리 팀의 베스트 멤버 3명이 아웃되었다. 이기기 어려운 상황이었지만 남은 우리 선수들은 포기하지 않았고 끝까지 투지를 보여주었다. 결국 우리가 우승을 거머쥐었다. 경기가 끝나고 인터뷰에서 나는 선수들이 감독인 나를 '난놈'으로 만들어줘서 고맙다, 라고 표현했다. 그런데 다른 기사에서 '난놈'이라는 말이 내 별칭처럼 쓰이면서, 마치 내가 스스로를 '난놈'이라고 말했다는 얘기도 있는데 사실과 다르게 전달되었다. 나를 '난놈'으로 만들어준 선수들, 그들에게 참 고맙다.

나는 성격이 유쾌해서 흥을 돋우며 놀기도 잘하고 정도 많아서 주변에 함께하는 사람들도 많다. 보수적인 축구판에서 할 말은 하는 과감함도 있다. 슈틸리케 감독이 부임했을 때도, 감독과 선수들 사이가 매끄럽지 않았는데, 그때 감독님 옆에서 선수들의 입장, 한국만의 문화 스타일을 설명해 주면서 커뮤니케이터 역할을 했다.

평소 선수들과는 형 동생 하는 사이로, 감독일 때는 승리를 향한 원팀으로 소통하려고 노력한다. 소통은 그렇게 열리는 것 같다. 소통과 신뢰라는 바탕 위에 자신감 있는 실력을 놓으면 이기지 못할 게 없다.

07

★★★

감독의 하루는
24시간이 모자라다

    하나의 경기를 준비하기 위해서는 정말 많은 수고와 노력이 필요하다. 상대 팀의 경기 영상을 보면서 축구 스타일을 분석하고, 그 팀의 감독과 선수 각각에 대한 정보를 전부 수집하고, 상대 팀 선발 선수 명단이 나오면 그 명단을 보면서 우리 선수들과 하나씩 매칭하면서 시뮬레이션을 다 돌려본다. 그런 뒤에 선수를 매칭하고 교체 선수를 염두에 둔다. 언제 선수를 교체할지, 어떤 선수로 교체할지, 얼마나 뛰게 할지 등도 시뮬레이션을 바탕으로 결정한다. 나아가 경기가 예상대로 풀리지 않을 때까지 대비해야 한다.

아기자기하고 볼거리가 많은 축구

스페인 감독들은 공통적으로 축구를 아기자기하게 한다. 내가 그런 축구를 좋아하다 보니 스페인 프로 축구 라리가에서 우승한 바르셀로나 경기를 꼼꼼하게 분석하면서 봤다. 아기자기한 축구는 롱킥을 거의 차지 않는다. 그러다 보니 상대 팀의 압박 라인을 분산시키면서 들어간다. 대부분의 프리미어리그 팀들이 항상은 아니더라도 적어도 어느 정도는 후방에서부터 이런 빌드업 플레이를 하려고 한다. 특히 토트넘 같은 경우는 자기 골대 앞에까지 상대 선수들을 당겨서 빌드업을 만들어 나온다. 즉 높은 라인에서 짧은 패스를 이어가면서 점유율을 가져가고, 그럼으로써 상대 팀에 공격 기회를 주지 않고 찬스를 만들어가야 하기에 한 번의 실수가 참사를 가져올 수도 있는 것이다. 그러니 그만큼 동료 선수들을 믿어야 하고, 선수들 기량이 모두 좋아야 한다.

감독의 전술이 제대로 입혀지려면 이런 전제 조건이 필요하다. 하지만 우리나라는 이렇게 하기에는 아직 이르다. 우선 그런 전술을 받쳐줄 기량을 가진 선수층이 두텁지 않고, 대표팀에 그런 전술을 입힐 시간이 없다. 클럽 팀은 1년이라는 시간이 있기 때문에 서로 합을 맞추면서 계속 훈련하면 되지만, 대표팀은 소집해서 바로 하루 훈련하고 그다음 날 마무리 훈련하고 경기를 뛰어야 한다. 훈련할 수 있는 시간이 딱 하루다. 이런 상황에서는 요즘의 트렌드 축구를 구사할 수 없다는 것이 아쉽다.

내가 벤치마킹 하는 감독들

나는 지금도 잉글랜드 프리미어리그(EPL)에서 활동 중인 감독들의 경기를 찾아보면서 트렌드를 열심히 공부한다. 스페인, 이탈리아, 독일, 영국의 프로 축구 리그인 라리가, 세리에 A, 분데스리가, 프리미어리그의 스타일이 조금씩 다르고 각기 특색이 있다. 예전에는 FC 바르셀로나를 좋아해서 그 팀의 경기를 굉장히 많이 보고 따라 하려고 노력을 많이 했다. 그런데 요즘은 바르셀로나가 조금 주춤하고 있어서 EPL을 많이 본다.

감독별로도 경기를 많이 보는데, 특히 마르셀로 비엘사, 위르겐 클롭, 호셉 과르디올라, 조제 무리뉴, 아르센 벵거, 안토니오 콘테, 미켈 아르테타 등 명장이라고 손꼽는 감독들의 경기를 보면서 아주 세밀하게 분석한다. 어떤 점이 그들을 명장

의 반열에 올려놓았는지 분석하고 필요한 엑기스를 자꾸 배우려고 노력한다.

　실제 좋은 성적을 내는 감독들은 그들만의 특기와 장기가 있다. 그들만의 전술을 갖고 있는 것이다. 이 전술을 우리 선수들에게 어떻게 써먹을까 연구한다. 특히 벵거 감독의 3자 패스는 정말 많이 보고 연구했다. 3자 패스하면서 수비 뒷 공간으로 찔러 넣는 패턴은 벵거 감독에게서 배운 것이다. 이렇게 터득한 전술을 선수 각자에게 어떻게 입히고, 그것으로 어떻게 조직력을 만들어내느냐는 감독의 몫이다. 전략을 연구하고 분석하고 실행하는 것은 굉장히 힘든 일이지만 그렇기에 짜릿하다. 내가 입힌 전술을 선수들이 완벽하게 구현해서 경기를 승리로 이끌 때의 쾌감은 말로 설명할 수 없다. 기뻐하는 선수들, 환호하는 관중들을 보면 그동안의 고단함도 자취를 감춘다. 그게 감독들이 머리를 싸매고 전술을 연구하고 죽을 만큼 훈련을 하는 이유다.

　선수들의 기량을 더 끌어올리고 선수층도 더 두꺼워져서 아기자기하고 재미있는 축구를 해보는 것, 이것이 내가 추구하는 축구다.

5장

리더는
혼자가 아니다

01

★★★

권위를 버리면
사람이 온다

　사람들은 나와 선수들 간의 관계를 두고 '친밀함', '소통', '수평 관계' 같은 다양한 말로 표현한다. 하지만 나는 한번도 이렇게 해야 선수들이 좋아하고 어떻게 해야 잘 따라올 것이다라고 생각해 본 적이 없다. 다만 그동안 지켜본 감독님들과 선수 시절 내가 팀에서 했던 역할 등에서 배운 것이 발현된 게 아닐까 싶다.

　가장 기억에 남고 존경하는 감독님은 박종환 감독님이다. 어마어마한 카리스마와 장악력을 가지고 있었던 박종환 감독님은 사실 잔정이 많은 분이었다. 축구에 관해서라면 누구보다 엄격했지만 나는 지금도 박 감독님이 선수들과의 밀당을

가장 잘했던 감독이라고 생각한다. 감독에게는 그런 능력이 필요하다. 선수들을 언제 조여야 하고 언제 풀어줘야 하는지 정확히 알고 있어야 하는데, 이건 선수들에 대한 애정이 없으면 힘든 일이다.

슈틸리케 감독님도 선수들과 소통을 잘한 감독님이었다. 코칭 스태프나 선수들의 의견을 유심히 듣고 좋은 아이디어는 적극적으로 반영해 주었다. 사실 감독 입장에서 그러기가 쉽지는 않다. 대부분의 감독이 자신만의 전략이 있고 그 전략에 대한 확신이 있기 때문이다. 그래서 선수나 코칭 스태프들은 생각이 다르거나 좋은 의견이 있어도 건의하기를 망설이는 경우가 많다. 하지만 슈틸리케 감독은 그런 권위의식이 없었고, 실제로 경기 전술에서 선수들의 의견을 반영한 적도 있었다.

이런 감독님들과 함께하면서 선수들과 감독 또는 코칭 스태프와의 관계가 경기력과도 연결된다는 것을 일찍부터 알았다. 특히 프로 선수 시절에 오랫동안 주장을 하면서 더 깊이 깨달았다. 주장은 단지 선수를 하나로 응집시키는 역할만 하는 게 아니다. 선수들의 입장을 정리해서 감독에게 전달하고 그 사이에서 의견을 조율해야 한다. 별 잡음 없이 상호 관계를 조율하려면 상대의 입장을 이해해야 한다. 당연히 선수와 감독님

사이에서 불화가 있을 수 있는데 그럴 때 주장의 역할이 무엇보다 중요하다. 그때의 경험이 내가 선수들과 관계 설정을 하는 데 큰 도움이 되었다.

인도네시아에서도 나는 선수들에게 훈련만 열심히 하라고 했다. 그 외 선수들이 축구협회에 원하는 것은 내가 앞장서서 전달했다. 선수들이 축구와 관련된 것이 아닌 다른 일로 신경을 쓰거나 부담을 느끼는 게 싫었기 때문이다. 그러려면 열린 마음으로 선수들의 생각을 듣고 이해해야 한다. 내가 감독이랍시고 선수들의 요청 사항이나 건의 사항을 묵살하면 그건 언젠가 화살이 되어 나에게 돌아온다. 감독이라는 권위의식만 내려놓으면 된다.

물론 피치 안에서 감독은 권위가 있어야 한다. 카리스마가 있어야 선수들을 지휘하고 팀을 하나로 응집시킬 수 있다. 하지만 피치 밖에서는 감독으로서의 권위가 필요하지 않다. 어디서나 불편하고 어려운 사람이면 선수들이 의지할 데가 없다. 선수가 가장 힘들 때 기댈 수 있는 상대는 감독이어야 한다. 선수를 강하게 잡아줄 수 있는 건 감독이기 때문이다.

감독의 격려 한마디가 주는 힘

2017 러시아 월드컵 때 장현수 선수 기용으로 정말 말이 많았다. 독일전을 치르기 전까지 나와 현수는 융단 폭격으로 욕을 먹었는데, 특히 현수가 정말 힘들어했다. 월드컵 때는 모든 선수들이 초긴장 상태이고 국민들의 관심도 뜨겁기 때문에 선수들은 한 번의 실수로도 큰 부담을 느낀다. 당시 현수는 태클 실수를 하고 나서 어마어마한 악플에 시달려야 했다. 선수로서도 인간적으로도 감당하기 힘들었을 것이다.

독일전을 앞두고 현수가 내 방을 찾아왔다.

"감독님, 독일전은 안 나갔으면 좋겠습니다."

"무슨 소리야?"

"제가 팀에 큰 폐를 끼친 것 같아요. 독일전은 못 뛰겠습니다."

현수가 너무 힘들어하는 게 보였지만 나는 농담처럼 말했다.

"야, 어차피 너나 나나 한국 들어가면 대표팀 그만둬야 돼. 그러니까 그냥 마지막이라고 생각하고 뛰어. 뛸 선수도 없어."

선수에게 부담을 주지 않기 위해 가볍게 말했지만, 사실 내 마음도 굉장히 무거웠다. 선수가 가진 부담감과 죄책감을 너무나 잘 알고 있었기 때문이다. 내 말을 묵묵히 듣고 있던 현수는 하루만 더 시간을 달라고 했다. 생각해 보고 결정하겠다고 했다. 다음 날 현수를 방으로 불러 다시 물어보니 그때도 주저하는 기색이었다.

"쓸데없는 소리 하지 말고 그냥 나가. 그럴수록 유종의 미를 거둬야지. 마지막이다 생각하고 최선을 다하고 끝내자."

약해지는 현수를 끌어올리며 그의 어깨를 두드렸고, 현수는 마음을 다잡고 출전을 결심했다. 그리고 독일전에서 정말 열심히 뛰어주었다.

선수가 경기 때문에, 혹은 슬럼프 때문에 힘들어할 때 그 선수를 일으켜 세워줄 수 있는 건 감독이다. 선수에게 자신감을 주고, 실수에 얽매이지 말고 실수에서 배우라고 격려하는 것도 감독의 몫이다. 선수에게 감독의 말 한마디는 굉장히 큰 의미를 지니기 때문이다. 그런데 그런 위기의 상황에서 감독과 선수 간에 마음을 터놓기 어렵다면 어떻겠는가. 팀 분위기도 경직되고 경기력도 향상될 수 없다.

어깨동무를 할 줄 아는 리더

인도네시아에서도 선수들에게 스스럼없이 다가갔던 것은 선수들이 나를 믿고 의지해 주기를 바라는 마음에서였다. 그리고 그런 자유로운 분위기 속에서 자신의 생각을 마음껏 개진하고 경기에서도 그런 생각을 적용해서 스스로 경기를 운영할 줄 아는 선수가 되기를 바라는 마음에서였다.

물론 경기의 큰 그림은 감독이 그려준다. 그렇지만 그 안에서 경기를 운영하는 건 선수 자신이어야 한다. 경기에 자신의 호흡을 불어넣을 줄 알아야 한다.

나는 선수들이 자유로운 분위기 속에서 창의적인 축구를 하기를 바란다. 그러기 위해서는 감독이 판을 깔아줘야 한다. 상명하복, 절대 복종 같은 분위기에서는 경직된 경기력만 나온다.

권위는 내가 버릴 때 더 큰 권위로 돌아온다. 권위를 내세워야 할 때와 버려야 할 때를 알고 열린 마음으로 선수를 대하는 것. 나는 그런 수평적인 관계 설정이 경기력에도 분명 영향을 미친다고 생각한다.

사람들은 리더란 외로운 것이라고 말한다. 하지만 다른 사람과 동등한 위치에서 눈을 맞추고 어깨동무를 할 줄 아는 리더는 외롭지 않다. 감독은 앞에서 어려움을 헤쳐주는 사람이지, 위에서 선수를 내리누르는 사람이 아니다. 나는 감독 지휘봉을 내려놓는 순간까지 그런 마음으로 선수들과 나란히 갈 것이다.

02

★ ★ ★

함께 간다는 것의 가치

나는 냉혹한 승부의 세계에서 45년을 살았다. 승부의 세계는 비정하고 그 이면에는 수많은 사람과 일들이 얽히고설켜 있다. 매 순간 분위기가 다르다. 그러다 보니 선수도 감독도 긴장감과 예민함으로 팽팽해지곤 한다.

하지만 이제 나는 경기 결과에 너무 집착하지 않으려 노력한다. 중요한 경기, 그렇지 않은 경기에 대한 준비도 다르고 여유가 있을 때와 여유가 없을 때, 힘들 때와 좋을 때마다 각기 훈련하고 경기하는 준비 방법이 다르다. 모든 경기는 공통적으로 이기기 위해서 하는 게 맞지만 너무 과하게 결과에 집착하고 몰입하지 않으려 한다. 그게 내가 축구 안에서 오래 머물며, 함께 가는 길이라고 생각한다.

　감독이라면 누구나 엄청난 중압감을 가지고 있다. 8만 관중이 나만 쳐다보고 있다고 생각해 보라. 특히 인도네시아에 있을 때는 나에 대한 관심도와 집중도가 대단했다. 경기가 시작될 때도 끝날 때도 경기 결과가 좋아도 나빠도 관중들은 모두 내 이름만 외쳤다. "신따용! 신따용!" 선수 이름을 외치는 관중은 하나도 없었다. 그렇게 열렬한 축구팬들에게 실망스럽지 않은 경기를 보여줘야 한다는 것이 어떻게 보면 엄청난 과중함으로 나를 짓누를 수도 있었다.

　하지만 나는 그런 모든 관심을 즐기려고 애썼다. 팬들이 즐거워하는 축구를 하기 위해서 최선을 다했고, 영광이든 비난이든 모든 것을 받아들였다. 설령 팀이 지더라도 내가 원하는 경기 내용이 나왔으면 가슴을 폈고, 팬들에게도 당당히 의견을 밝혔다. 내가 자신 있어 하면 팬들도 응원으로 보답해 주었다.

베풀고 나누며 살라는 어머니의 말씀

　인도네시아에서는 국빈 대접을 받으면서 지냈다. 공항을 가든 호텔을 가든 식당을 가든 모든 사람들이 나를 알아보고 엄지를 치켜세우고 "신따용"을 외쳤다. 사람들의 그런 순수한 애정과 관심을 압박이라고 느끼기 시작하면 그 순간 끝이다. '감사하다', '고맙다', '축구에 이런 관심을 보여주니 행복하다', '내가 더 겸손해져야지', '초심을 잃지 말자', 이렇게 생각하면서 상황을 받아들이고 풍요로운 마음을 가졌다.

승부의 세계는 냉혹하고, 축구도 비즈니스이기 때문에 언제 내가 내쳐질지, 언제 바닥으로 떨어질지 나조차도 모른다. 누구든 항상 그 자리에 있을 수는 없다. 날아오르는 순간이 있으면 떨어지는 순간도 있다. 그러니 언제나 지금 이 순간을 잘해야 한다. 그리고 언젠가 바닥으로 고꾸라졌을 때 내 곁에 남는 건 '사람'뿐이라는 걸 늘 명심하며 산다. 내가 45년간 축구계에 몸담으면서 만나고 함께 일했던 그 '사람들'. 그래서 베풀고 나누며 살아야 한다.

선수 시절부터 지금까지 내가 가진 재능을 사회에 나누고, 봉사 활동이나 기부 활동에 적극적으로 힘을 보태는 이유도 이런 마음에서이다. 사실 이런 마음가짐은 내가 손해를 보더라도 누구한테 악한 일 하지 말고 단념하고 포기할 줄도 알아야 한다고 말씀해 주신, 그 힘든 세월을 헤치며 살아오신 어머니에게 배운 삶의 지혜다.

나도 가끔은 내 미래에 대해 불안감을 느낀다. 지금은 이렇게 환호받고 환영받지만 언제까지 이럴 수 없다는 걸 알기 때문에 그 순간이 오면 나는 어떻게 해야 할까 미래를 그려보기도 한다. 하지만 그런 미래에 대한 불안 때문에 현실을 망쳐버리진 않는다. 지금 내 곁에 있는 사랑하는 가족과 자랑스러운 선수들과 코칭 스태프들, 그리고 신태용 축구를 사랑하고 응원하는 팬들을 먼저 생각한다. 그러면 슬며시 미소가 지어진다. 나는 지금을 살고 있는 것이지, 미래를 위해 사는 것이 아니기 때문이다. 어떤 시련이 와도, 어떤 불합리한 일을 겪어도 나는 나와 함께 가는 그들을 생각하며 뚜벅뚜벅 걸을 것이다. 그게 신태용다운 삶이기 때문이다.

03

★★★

나를 지지해 주는
가장 든든한 버팀목

　초등학교 3학년에 시작한 축구. 그때 나의 가장 큰 버팀목은 부모님이었다. 선수 시절 MVP를 처음 받은 1995년도에 나는 수상 소감에서 "나의 가장 열렬한 팬이었으나 중2 때 돌아가신 아버지, 새벽마다 불공을 드리는 어머니에게 감사하다"라고 말했다. 그만큼 부모님은 내가 걸어온 길 고비고비마다 우뚝 서 계셨고, 한번도 나에 대한 신뢰를 버린 적이 없으셨다.

　특히 축구를 좋아해서 조기축구 회원이기도 했던 아버지는 내가 축구를 하는 걸 굉장히 자랑스러워하셨다. 풍족한 가정 형편이 아니었던 탓에 남부럽지 않게 지원을 받으며 운동을 한 건 아니었지만 아버지의 사랑만큼은 차고 넘쳤다. 맛있는 반찬이 상에 올라오면 아버지는 다른 형제들은 못 먹게 하고 나부터 챙겨주셨다. "태용이는 운동선수니까 너희들보다 잘 먹어야 돼." 이렇게 말씀하시면서 나를 유독 살뜰히 챙겨주셨다. 아버지는 3남 3녀의 막내인 나를 "막내야, 막내야" 하면서 무척 귀여워하셨다. 아버지 연세가 많으셔서 아버지랑 같이 축구를 한 적은 없지만 아버지 친구들에게 들어보면 아버지도 젊은 시절, 동네에서 알아줄 만큼 축구를 꽤나 잘하는 청년이었다고 한다. 프로 선수가 돼서 활약하는 모습을 아버지도 보셨다면 정말 기뻐하셨을 텐데……. 안타깝게도 너무 일찍 돌아가셨다.

내 삶의 원동력, 어머니

아버지가 돌아가시던 해에 우리 집안에는 슬픔밖에 없었다. 형과 아버지가 연이어 세상을 떠난 해이니 정신 붙잡고 사는 것이 힘들 정도였다. 내 바로 위의 형은 화재 사고로 갑작스레 세상을 떠났다. 80명이 사망한 대형 사고였는데, 그때 형은 전신 4도 화상을 입고 고생하다가 보름 뒤에 세상을 떠났다. 온몸에 붕대를 감고 고통스러워하던 형이 떠난 게 4월이었다. 그

일만으로도 견디기 힘들었던 우리 가족에게 불행은 또 닥쳤다. 그해 7월에 아버지마저 지병으로 돌아가신 것이다. 세상이 무너진다는 게, 가슴이 찢어진다는 게 이런 느낌일까 하는 생각이 들 정도로 너무나 힘들었다. 집안에 그늘이 가득했고, 아무도 웃지 않았다.

그때 나는 어머니도 돌아가실 것만 같았다. 홀로 남은 어머니를 잃지 않으려는 마음으로 나는 축구에 몰입했다. 내가 축구에서 두각을 나타내고 이름을 날리면 어머니가 기운을 내실 것 같았기 때문이다. 그 뒤부터 16세 이하(U-16) 대표팀에 발탁된 이후 매년 태극 마크를 달았다. 하지만 내가 무엇이 되는 것과 상관없이 어머니는 우리 6남매를 기르기 위해 꿋꿋하게 세상을 헤치며 살아내셨다. 식당에서 설거지하고 허드렛일 하면서 우리 가족을 먹여 살리셨다. 그렇게 사느라 어머니는 내가 뛰는 축구 경기를 직접 보러 온 적이 한번도 없었다.

그러던 어느 날 어머니가 처음으로 내 경기가 열리는 대구 두류공원 축구장에 오신 적이 있다. 고등학교 2학년 때였는데, 어머니는 내가 축구하는 모습을 가슴이 떨려서 도저히 못 보겠다면서 마시지도 못하는 소주를 반병이나 들이키셨다. 그 뒤부터는 경기장에 한 번도 오지 않으셨다.

그렇게 순박하고 순수한 어머니이지만 자식들을 위해서는 물불을 안 가리셨다. 여자 혼자 6남매를 키우는 일이 어땠을지는 상상만으로도 숨이 턱까지 차오른다. 그렇게 힘들게 살아오셨지만 어머니는 항상 나눠주는 걸 좋아하셨다. 우리 먹고 살기도 힘든데, 누가 오기라도 하면 우리 먹는 걸 나눠서 내주시곤 했다. 누구한테 싫은 소리도 하지 않으셨다. 그런 어머니를 보고 자란 나도 그 마음을 배우고 닮아가려 노력했다.

나 또한 남한테 싫은 소리를 잘 하지 않는다. 신세 지며 살아오지도 않았고, 돈을 빌려본 적도 없다. 내가 이만큼 떳떳하게 이름 내세우며 사는 건 다 부모님 덕이라고 생각한다. 이렇게 잘된 것도 다 어머니의 기도 덕분이라고 생각한다.

신태용축구공원

2024년도에 경북 영덕군 창포해맞이 축구장이 '신태용축구공원'이라는 새 이름으로 개장했을 때, 무대 위로 어머니를 모신 적이 있다. 아들 이름을 단 축구장에 어머니를 모실 수 있어 얼마나 기뻤는지 모른다. 어머니한테 꽃다발을 걸어드리고 꼭 안아드리니 지난날 그 어렵던 시절이 생각나 눈물이 왈칵

솟구쳤다.

어머니가 그토록 어려운 환경에서 우리를 위해 헌신적으로 살아온 시간을 알기에 나는 지금도 어머니가 말씀하시는 건 다 해드린다. 어머니 말을 제일 잘 듣고 어머니 말에는 꼼짝도 못한다. 어머니의 말을 단 한 번도 거스른 적이 없다.

세상에서 가장 존경하고 가장 사랑하는 어머니도 어느덧 90세의 나이에 접어드셨다. 어머니가 아버지가 못 사신 시간을 더해 더 오래오래 사시길, 더 큰 감독으로 성장하는 아들의 모습을 지켜보시길 간절히 바란다. 그게 내가 어머니에게 바라는 단 하나의 소망이다.

04

★★★

집에서는 아내가
축구감독

　아버지와 어머니가 내 인생의 원동력이었다면, 아내와 두 아들은 추진력이었다. 내가 걱정 없이 축구인의 삶에 전념할 수 있었던 것은 편안한 가정이 나를 품어주었기 때문이다. 운동선수의 가족으로 산다는 건 쉬운 일이 아니다. 워낙 체력 관리와 컨디션을 예민하게 관리해야 하니 신경 쓸 일이 많다. 두 아들도 어쩌면 신태용이라는 무게가 버거웠을 수도 있다.

　우리 가족은 불화 없이 행복하게 잘 지낸다. 모두 아내 덕분이라고 생각한다. 가정이 불행하고 불편하면 내 일이 잘될 수가 없다. '가화만사성'이라는 말은 너무 흔해서 낡은 말 같지만 인생의 진리다. 내가 선수 생활을 화려하게 마칠 수 있었던 것도, 감독으로서 튼튼하게 기반을 다질 수 있었던 것도 다 가정이 내게 준 편안함과 사랑 덕분이었다.

내 삶의 추진력, 아내와 두 아들

대학 때 친구 소개로 만난 아내는 내가 사기를 당해 몇십 억을 날렸을 때도 잔소리 없이 나를 믿고 기다려주었다. 믿었던 친구에게 투자 사기를 당한 일이었는데 그때는 아내도 나도 정말 힘들었다. 만약 아내가 그 돈 언제 돌려받는 거냐고 울고불고 했다면 더 지옥 같은 나날이 되었을 것이다. 아내는 그 힘든 시간을 묵묵히 참고 견뎌주었다.

물론 아내도 이런저런 불만이 있을 것이다. 그런데 그중에서 가장 큰 불만은 잘 나가는 축구선수이자 감독인 아빠가 아이들에게 축구를 열정적으로 가르치지 않은 것이다. 국가 대표 감독까지 맡은 감독 아버지가 왜 아이들한테 그렇게 축구에 대해서 너그럽냐고, 왜 아이들에게 축구를 가르치지 않느냐고 다그치곤 한다.

축구를 굉장히 좋아하는 아내는 지금도 우리 세 남자를 앉혀놓고 전술을 설명한다. 축구감독이고 축구선수인 남자 셋을 앞에 두고서 그러고 있으니 우리는 황당할 때도 있고 어처구니 없을 때도 있다. 그 정도로 축구를 열정적으로 사랑하니 아이들도 축구선수로 더 크게 성장하길 바라는 마음이 큰 것 같다.

나는 아이들한테 축구로 스트레스를 주고 싶지 않았다. 어렸을 적 아이들과 축구 얘기를 해본 적이 거의 없다. 나의 축구 스타일을 아는 사람들은 "왜 네 아들들은 너랑 반대로 차냐?"라며 농담 삼아 이야기하곤 한다. 그만큼 아이들의 축구에 개입하지 않았다. 스트레스 받지 말고 즐기면서 공을 차길 바랐기 때문이다. 아이들 인생에 과도하게 개입하지 않고 아이들이 스스로 자신의 길을 찾길 바라는 마음이 아이들에게도 잘 전달되었을 것이다. 솔직히 말하면 나도 아이들을 다그치면서 가르칠 걸 하는 후회가 들 때도 있다. 하지만 의미 없는 일이다. 내가 그랬듯 아이들도 자신의 길을 스스로 개척하길 바랄 뿐이다.

•• 에필로그 ••

멀리 보려면
높이 뛰어라

지휘봉을 내려놓으며

 2025년 1월 6일, 나는 5년여간 뛰었던 인도네시아 대표팀 감독 지휘봉을 내려놓게 되었다. 한국도 인도네시아도 나의 갑작스러운 경질 소식에 크게 놀랐고, 연일 수많은 기사들이 쏟아졌다. 특히 인도네시아 팬들은 굉장한 충격을 받았고, SNS 상에서 내 경질에 반대한다는 해시태그를 올리며 강하게 반발하기도 했다.
 황당하고 불합리한 결정이기는 했지만 나는 협회의 결정을 받아들였다. 오히려 두 아들과 지인들, 팬들이 더 분노하고 화를 냈다. 어떻게 그렇게 쉽게 그토록 일방적인 결정을 수용하느냐며 억울해했지만 나는 선수들을 먼저 생각해야 했다. 인도네시아 선수들은 월드컵 진출이라는 큰 목표를 앞에 두고 있었다. 그건 인도네시아축구협회의 소망일 뿐 아니라 인도네시아라는 나라 전체의 열망이기도 하다. 그러니 내 해임으로 선수들 사이에서 동요가 일어나서 전력에 차질이 생기면 안 된다고 생각했다. 나는 여기서 멈추지만 선수들은 계속 나아가야 하니까 말이다.

선수들은 자신의 SNS나 내 SNS에 '너무나 감사했다, 왜 이런 일이 일어났는지 황당하다'는 등의 메시지를 남기며 아쉬워했다. 선수의 부모님들까지 어떻게 이런 일이 있을 수 있냐며 말이 안 된다고 황당해했다. 하지만 그 문제로 진흙탕 싸움을 벌이고 싶진 않았다. 나는 원래 큰일 앞에서는 무덤덤하다. '이런 일이 왔구나. 자, 그럼 이제 어떻게 수습할까'를 생각하지, 무턱대고 감정적으로 대응하지 않는다. 물론 이런 결정이 내려지기까지 말로 다할 수 없는 이해관계가 얽히고설켜 있지만 시간이 흐른 뒤에 정리할 기회가 있을 것이다.

물론 아쉬움이 없다면 거짓말이다. 하지만 후회는 없다. 정말 최선을 다했기 때문이다. 우리나라 코치진과 스태프들이 합류해 5년 동안 고생고생하며 저 밑바닥에 있는 팀을 끌어 올렸다. 선수들을 내 자식처럼 키워냈다. 물론 선수들과 무조건 좋았던 것은 아니다. 감독은 선수들에게 쓴소리도 해야 하고 싫은 소리도 해야 하는 입장이기 때문에 사소한 부딪힘이 없을 수는 없다. 칭찬도 해주지만 혼을 낼 때도 많았다. 그래도 우리는 신뢰를 바탕으로 호흡을 맞춰왔고, 끈끈한 팀워크로 큰 성과도 이루었다. 장기 플랜을 가지고 인도네시아 축구 발전에 주춧돌을 놓았다고 생각한다.

아직 농익지 않은 어린 선수들을 좋은 선수로 키워내기 위한 방향키를 한번도 놓은 적이 없다. 복숭아나 배에 봉지를 씌워 당도를 더 높이는 농부처럼 나도 어린 선수들을 당도 높은 선수로 길러내는 데 초점을 두고 열과 성을 다했다. 선수들에게 축구선수로서의 기본, 좋은 선수가 되기 위한 방법론을 가르쳤고, "거짓말하면 안 된다", "축구는 90분 지나 종료 휘슬이 울릴 때까지 뛰어야 한다" 같은 말을 지치지 않고 선수들에게 주입했다. 그런 노력의 결과가 좋은 결실로 맺어졌다고 생각하지만, 더 큰 결실을 맺기 전에 끈을 놓쳐 아쉬움이 있는 것도 사실이다.

한국으로 돌아오는 날, 수천 명의 팬이 공항에 나와 나를 배웅했다. 남녀노소 가릴 것 없이 저마다 나에 대한 사랑을 표현해 주었다. 커다란 플랜카드로, 꽃다발로, 슬로건으로 내 이름과 응원가를 부르며 마지막을 아쉬워했다. 다행히 팬들에게 마지막 인사를 할 시간이 있어서 그들에게 인사를 전했다.

"우리 선수들 응원 많이 해주길 바랍니다. 감독이 바뀌더라도 선수들의 마음이 흩어지면 안 됩니다. 3월, 6월이 가장 중요한 시기입니다. 우리 선수들이 꼭 월드컵 무대를 밟아봤으면 좋겠습니다. 지금까지 고생했으니 월드컵 무대에서 마음껏 뛸 수 있게 우리 선수들에게 많은 응원 부탁드립니다."

마중 나온 팬들은 내 이름을 연호하며 감사를 표했고, 그들의 진심은 고스란히 나에게 전달되었다. 선수들과 원팀이 되어 울고 웃으며 이뤄냈던 성취들이 영화처럼 눈앞에 펼쳐졌다. 눈물이 핑 돌았지만, 팬들도 나도 울지 않았다. 서로의 앞날을 축복하며 기쁘게 헤어졌다.

내 해임과 상관없이 나는 인도네시아 팬들에게 한없이 고맙다. 그들은 진심으로 나를 사랑해 주었고, 마음을 다해 응원해 주었다. 한국 땅에서도 받아보지 못한 엄청난 환대와 사랑을 받았다. 내 해임 소식이 전해지고 밥도 안 먹고 울기만 하는 아이들, 눈물을 뚝뚝 흘리는 할머니들 영상까지 SNS에는 팬들의 영상이 수없이 업로드되었다. 그런 영상을 보면 울컥 눈물이 솟는다. 나를 믿어주고 사랑해 주었던 팬들 때문에라도 나는 인도네시아 축구와 팬들에 대한 관심을 놓지 않을 것이다.

경질되기 전에 인도네시아 유소년 축구를 체계화하기 위해 축구재단, 장학재단과 함께 만들어놓은 축구 아카데미를 계속 운영할 것이고, 신태용 장학재단에서는 한 달에 두세 번씩 보육원이나 가난한 동네에 가서 아이들 영양 상태와 건강 상태를 체크하면서 지속적으로 도움을 줄 것이다. 지금도 그 일은 진행되고 있다. 이것이 내가 팬들에게 돌려줄 수 있는 사랑이라고 생각한다.

나에게 사인을 받고 싶어 찾아오는 팬들 중에는 환경미화원이나 청소부 등 부유하지 않은 사람들도 무척 많았다. 나는 화려하고 부유한 차림새의 팬들보다 그런 팬들과 가장 먼저 사진을 찍고 사인을 해주었다. 그다음이 어린아이들이었다. 그들이 나로 인해 기쁨을 느낀다면 그들을 먼저 배려하고 아껴주는 것쯤은 일도 아니라고 생각한다. 그게 내게 보여준 인도네시아 팬들에 대한 예의이고 보답이라고 생각한다.

인생이란 알 수 없다고 하지만, 내가 인도네시아 대표팀을 다시 맡을 일은 없을 것이다. 하지만 인도네시아 팬들과는 어떤 식으로든 계속 인연의 끈을 이어갈 것이다. 그것이 인도네시아 팬들에 대한 감사와 사랑을 담은 나의 진심 어린 마음이다.

그리고 나의 마지막 꿈

갑작스런 해임 소식이 전해지고 다른 나라에서도 감독 제의가 들어왔다. 한국에서 활동해 달라는 제의도 있었다. 하지만 당분간은 휴식을 취하고 싶다. 당분간은 인도네시아의 재단과 아카데미에 집중하면서 아무 생각 없이 여유롭게 지내고 싶다. 넘어진 김에 쉬어간다는 이야기도 있지 않은가. 1막 선수 생활을 지나 2막 지도자의 생활은, 지금은 잠시 막을 내리려 한다. 하지만 지도자를 그만둘 생각은 없다. 감독으로서의 책임감과 무게감이 버겁기도 하지만 그만큼 보람이 큰 일이기 때문이다. 우리나라 축구 발전에 기여할 수 있는 부분이 있다면 힘을 보태고 싶다.

아마 한국 지도자라면 최종 꿈은 하나일 것이다. 바로 국가 대표팀 감독. 나 역시 마찬가지다. 다른 감독의 빈자리를 대신

맡는 감독 말고, 정식 4년 계약으로 국가 대표팀을 맡아서 월드컵에 진출하는 것. 그것이 나의 마지막 꿈이다.

인도네시아에서 선수를 발굴하고 키우고 그 선수가 훌륭한 선수로 성장하는 것을 보면서 우리나라에서도 그렇게 선수 발굴부터 성장까지 책임지면서 그들과 함께 월드컵 무대에서 뛰어보고 싶다고 생각했다. 선수 생활은 화려했지만 나는 월드컵 무대에 한 번도 출전해 본 적이 없다. 아마 그해 국내 리그에서 MVP에 뽑히고도 월드컵 대표팀에 선발되지 못한 선수는 내가 유일할 것이다. 월드컵 무대뿐만 아니라 국가 대표로도 인상적인 활약을 하지 못했다. 인생을 반추하는 것은 부질없고, 그래서 후회도 거의 하지 않지만 국가 대표로 활약해 보지 못한 점은 늘 아쉽다. 그래서 선수로서 밟아보지 못한 월드컵 무대를 감독으로서 밟아보고 싶다.

단기 계약이었지만 내가 국가 대표팀 감독직에 발탁된 건 정말 행운이었다. 다른 사람들은 독이 든 성배를 왜 마시냐고 만류했지만, 나는 감독 생활이 거기서 끝나더라도 그 성배를 마시고 싶었다. 그런 과감한 결정을 내린 건 내 스스로에게, 그리고 세계 무대에 도전하고 싶었기 때문이다. 도전하지 않으면 아무것도 얻을 수 없다. 두려움 앞에 몸을 숨기면 편안하게 살 수는 있을지 몰라도 더 높이 뛰어오를 수는 없다.

당시에는 전 국민에게 욕을 먹었다고 해도 틀린 말이 아닐 정도로 온갖 비난과 욕설을 들었고, 축구팬들이 던진 계란까지 맞을 뻔했다. 지금도 그때만 생각하면 씁쓸하다. 간절히 원했던 자리여서 더 아쉽다.

하지만 나는 거기에서 주저앉지 않았다. 인도네시아에서 다른 꿈을 꾸었고 인도네시아 축구 역사에 그래도 자랑스러운 자취를 남겼다. 20분만 뛰어도 체력이 방전돼 걸어 다니던 선수들, 체력 훈련이 무엇인지조차 모르던 선수들에게 내가 원하던 축구 기술을 입히기 위해 목이 터져라 소리를 질렀다. 그래서 내가 꾸었던 꿈의 가까이까지 다가갔다. 새로운 꿈은 거기에서 멈추었지만, 나의 꿈까지 멈춘 건 아니다.

예전에 한 유튜브 채널에서 초등학교 선수들과 팀을 꾸려 그들을 지도한 적이 있다. 긴 시간은 아니었지만 그때 어린 선수들을 지도하면서 가슴이 뛰었다. 아이들이 스펀지처럼 내 이야기를 흡수하는 모습을 보니 신이 났다. 그때 그 선수들 중 한 선수가 그런 얘기를 했다.

"2034년 월드컵에서 저는 선수로, 감독님은 월드컵 대표팀 감독님으로 다시 만나고 싶어요."

그 말을 듣는 순간, 가슴이 찡했다. 40년 이상 차이나는 까마득한 후배지만 같은 꿈을 꿀 수 있다는 게 감사하고 짜릿했다. "그럼, 그래야지!"라고 자신 있게 대답했는데, 그 꿈이 실현될지 어쩔지는 아무도 모른다. 그 어린 선수도, 나도 꿈을 위해 최선을 다해 달려가다 보면 답이 나올 것이다.

어느덧 내 나이도 50대 중반. 늙었다면 늙었을 수도 있지만 젊다면 젊은 나이다. 꿈이 없어지는 순간이 늙는 것이지 꿈을 꾸는 한, 우리는 누구나 청춘이다. 대한민국 국가 대표 감독으로 당당하게 복귀하는 꿈. 그리고 월드컵 무대에 서는 꿈. 그 꿈을 이루기 위해 되뇌어본다. 나는 신태용이라고.

우리는 승리한다

1판 1쇄 인쇄 2025년 8월 22일
1판 1쇄 발행 2025년 8월 29일

지은이 신태용

발행인 양원석
기획 ㈜쿼티스포츠(QWERTY SPORTS INC.)
편집 출판기획실 **영업마케팅** 윤송, 김지현, 최현윤, 백승원, 유민경
사진 FA포토스, 스포츠조선, 게티이미지

펴낸 곳 ㈜알에이치코리아
주소 서울시 금천구 가산디지털2로 53, 20층 (가산동, 한라시그마밸리)
편집문의 02-6443-8842 **도서문의** 02-6443-8800
홈페이지 http://rhk.co.kr
등록 2004년 1월 15일 제2-3726호

ISBN 978-89-255-7321-2 (03810)

※ 이 책은 ㈜알에이치코리아가 저작권자와의 계약에 따라 발행한 것이므로
   본사의 서면 허락 없이는 어떠한 형태나 수단으로도 이 책의 내용을 이용하지 못합니다.
※ 잘못된 책은 구입하신 서점에서 바꾸어 드립니다.
※ 책값은 뒤표지에 있습니다.